はじめに

FOREWORD by Suzy Greaves, Editor, Psychologies

スージー・グリーヴス（『サイコロジーズ』誌編集長）

人生にはさまざまな苦しみがつきものですが、それらを乗り越えるだけでなく、学び、成長するためのスキルを身につけることができるとしたらどうでしょうか？

『サイコロジーズ』誌が考える「立ち直る力」とは、苦しさにくじけず、危機を強行突破することではなく、人生の問題を機に針路をリセットし、自分の弱さを認め、正直に気持ちを話し、再び前に進む強さです。


もちろん、初めて大きな変化に直面すると激しいショックを受け、迷子になったような、怖い、悲しい、混乱した気持ちになるでしょう。

ところが、本当の強さとは、これらの感情をすべて感じ、その上で心を再び落ち着け、恐怖ではなく希望と楽観性を持って反応することなのです。このとき、あなたは最善の結果に希望を持ちつつ、最悪の事態にも備えができていることになります。

立ち直るための本当の強さとは、逆境に意味を見出すことでもあります。それは、自分の価値観に基づいた人生をおくるために時間やエネルギーを費やす方法を知る機会にもなるでしょう。

『サイコロジーズ』誌は、私たち一人ひとりが正しい道を選ぶ知恵を持っていると信じています。今はその道がどのようなものか分からないかもしれませんが、本書を手に取ったことで、今あなたが直面しているかもしれない問題を乗り越え、望む人生を生きるのに必要な力を鍛える第一歩を踏み出したことになります。

私たちは、そんなあなたのすぐ隣にいます。

序章

INTRODUCTION

あなたが本書を手に取った理由は星の数ほどあるだろう。それをあえて当てようとするなら、あなたは何らかの逆境にあり、立ち直る力を必要としているのではないだろうか。

あなたが現在の状況をどうにかするために助けを求めているということだけでも、あなたはすでに自分が思っている以上に強いのだ。サポートを探せるのは本当に強くなるためにとても重要なことだ。

「人生にレモンを与えられたらレモネードを作りなさい」ということわざがある。本書を一言で表すとすれば、これがぴったりかもしれない。だって、誰もレモンからは逃れられないのだから。

人生で必ず起こると言い切れる出来事は少ないが、誰もがどこかのタイミングで逆境を経験するのは確実だ。逆境、トラウマ、痛み、苦しみ——何と呼んでも構わないが——私たちが好むと好まざるとにかかわらず、人生には大きな混乱がつきものだ。もしかすると、今まさにあなたにそれが起きているのかもしれない。

混乱といっても、愛する人との口論や少しがっかりしたことなど小さなものから、大切な人との死別、離婚や病気といった、より深刻でトラウマ的な出来事などさまざまだろう。とくに「大きな出来事」ではなくても、ただ、行き詰ったように感じているだけかもしれない。誰にだって不意を突かれるときがあるが、そこでどう反応し、対処するかによって私たちは強くなれる。また、混乱を経てどのように成長するかも極めて重要だ。

これが、私たち著者の考える本当の強さである。苦しい時期を生き残るだけでなく、苦しんだおかげで、あるいは、苦しんだにもかかわらず成長すること。あなたがそうなれるよう手助けするのが本書の目的でもある。

ただし、人によってトラウマの経験が大きく異なるように、それらの経験に対する見方も人それぞれだ。それは本当の強さについても同じだが、確実に言えるのは、ここで重要なのは「本当の」である。なぜなら、あなたにとって本当で本物と感じられるものこそあなたを強くしてくれるからだ。

おそらく、これこそが私たち著者にとってもっとも重要な信念かもしれない。あなたが困難に遭ったときに助けや力になったものが別の誰かの役に立つとは限らないのだ。そのため、本書はあなたの内面の強さを引き出し、鍛えるためのツールとして見てもらいたい。あなたの能力を、ただ逆境から立ち直るためだけでなく、さらに高く飛躍するための台として使う。それは、確実にあなたの手が届くところにある。きっと、今はそのように思えないかもしれないが、とにかく私たちを信じてほしい。


実際に、私たちはあなたがそう信じられるようにするためだけでなく、あなたに具体的な方法を伝えるためにここにいるのだ。最新の研究や、幸福やレジリエンス（立ち直る力）の専門家のアドバイスを使い、本書が、あなたにとっての本当の強さを明確にし、そのために必要なスキルを磨く助けになればと思う。

あなたにはそれができること、より大きな喜びや充実感がすぐそこであなたを待っていること、そして、今あなたが経験している苦しい出来事を今までで一番の自分への贈り物として見られるようになることを、私たちは心から信じている。

本書の使い方

本書は3つのパートに分かれている。

第1部　本当の強さとは何だろうか？
第2部　あなたが立ち直るのを妨げているのは何？
第3部　本当の強さを身につけるには？

第1部では、本当の強さに関する解釈の概要が、最新のものから、少し前のものまで分かるだろう。『サイコロジーズ』誌のあらゆる本当の強さの定義を見てもらい、あなたがあなただけの定義を考えるにあたって、一番ピンとくるものを見つけてもらいたい。または、最低でも、本当の強さのどの側面に取り組みたいか決めてほしい。

第2部では、あなたが強くあるための邪魔になっているかもしれないものの正体を理解しよう。生まれつき他の人より立ち直る力が強い人はいるのか、また、彼らはあなたが学ぶことができるスキルや素質を持っているのか、そしてそれはどうすれば学べるかなどについて見ていく。さらに「強さを奪うもの」という、私たちが陥りやすく、立ち直る力を少しずつ削いでしまう罠についての章もある。

そして、第3部では、実際に専門家が使うセラピーやテクニックを紹介する。力強く長続きする方法なので、あなたの立ち直る力を鍛える手助けとなるだろう。あなたにこれらの実用的なステップを生涯使い続けてもらうのが本書の狙いだ。とはいえ、現実に使える方法を最後のパートまで待たせたくはないので、本書全体を通して今すぐに気分がよくなり、強くなるために試せるヒントを見つけられるようにもしている。

本書に協力していただいた専門家

リギー・ウェッブ

行動コンサルタント。優れた作家で、レジリエンスのプレゼンターと思想的指導者でもある。彼女は、個人および団体が、人生が課す難問や要求に対し、より効果的に、上手に対処できるためのさまざまなテクニックや実用的なアプローチを研究・考案してきた。

彼女が関わった団体の中には、国際連合、世界貿易機関、BBC（イギリス放送協会）、NHS（英国国民保健サービス）、ラルフ・ローレン、ウォルト・ディズニーなどがある。

また、彼女は The Learning Architect と呼ばれる、行動スキルのスペシャリストたちによる国際支援機関の創設ディレクターでもある。

さらに、最新著書『Resilience: How To Cope When Everything Around You Keeps Changing（レジリエンス：すべてが変わり続けているときに対処する方法）』は、変化に立ち向かい、困難な状況から立ち直るためのアドバイスについて書かれた、実用的で分かりやすいガイドブックになっている。

マイケル・シンクレア博士

カウンセリング心理学コンサルタント。マイケル・シンクレア博士は医師であり、英国心理学会の準会員、英国科学審議会の公認科学者でもある。うつ病や不安神経症などのさまざまな精神的な問題を抱える個人やカップル、家族の診察を行う。さらに、企業の従業員向けに最先端のストレスマネジメントのトレーニングを提供したり、一般向けにマインドフルネスのワークショップも行ったりしている。

シンクレア医師は、ロンドンにある City Psychology Group（公認科学者やその他のプロフェッショナルが開業した精神科クリニック）の創設者の一人で、そこで臨床ディレクターを務めている。
また、企業数社の労働衛生部におけるコンサルタントとして、従業員の心の健康や精神衛生についてアドバイスを行っている。他にも、法律や金融の業界で働くシニアマネージャー向けに心理的コンサルタント業務やパフォーマンス・コーチングの提供、医療関係者たちや心理学者たちにトレーニングや指導も行っている。

また、学校、メンタルヘルス専門クリニック、数々の診療所やロンドンのロイヤルフリーホスピタルでも心理学者として勤務した。シンクレア医師は、とくに認知行動療法（ＣＢＴ）を得意とし、アクセプタンス＆コミットメント・セラピー（ＡＣＴ）や、その他のマインドフルネスをベースとした行動変化に対するアプローチの経験も豊富である。

『立ち直る力』もくじ

第2章　今のあなたの気分はどう？　57

第5章　変化に立ち向かう　136

第6章 あなたから強さを奪うものは何だろう？ 163

第3部　本当の強さを身につけるには？

第7章 感情をコントロールしよう 187

1 WHAT DOES REAL STRENGTH MEAN TO YOU?

第1部　本当の強さとは何だろうか?

第1章

CHAPTER 1 WHAT IS REAL STRENGTH?

本当の強さとは？

あなたは、「強さ」と聞いてまず何を思い浮かべるだろう？　もちろん、ジムでどれだけのウエイトを持ち上げられるなどということではない。心や精神の強さという意味での強さだ。「彼女はとても強い人だ」とか「彼は強いから大丈夫」と言う人がよくいるだろう。一体、それはどういう意味なのだろう？　もしかすると、意味は人それぞれに違っていて、あなたの友人や母親、同僚が思う強い人は、あなたが考える強い人と違うのかもしれない。

そこで、ぜひ試してみてもらいたいことがある。もし、あなたが思う強い人について詳しく説明するとしたら？　あるいは、あなたが知っている精神的に強い人の名前をあげるとしたら？　その人がもっている資質や特徴は？

たとえば、あなたが思う強い人とは、ストイックで、滅多に不平不満を言わない、他の人たちより多くの痛みや逆境に耐えられる人かもしれない。
あるいは、タフで怖いもの知らずで、限界まで挑戦するのを楽しむタイプの人かもしれない。
その人たちの名前と、あなたが彼らを強いと感じる理由をリストにしてみよう。

そうすれば、今のあなたがもつ本当の強さのイメージがはっきりするはずだ。この章の目的は、そのイメージに一度ストップをかけ、分析し、必要があれば変更することである。

確かに、ストイックさやタフさにも価値はあるだろう。ところが、私たちが考える本当の強さとは、もっと繊細かつ複雑で、大きい影響力をもつ。

本当の強さとは、少なくとも単なる弱さの反対ではない。もしかすると、あなたの考える本当の強さとはまったく違うものかもしれない。本当の強さがどういうものか分かると、すでに自分は思っている以上に強いことに気づくだろう。

あなたが自分の強さを知り、さらに鍛える手伝いをする前に、まずは本当の強さの意味について詳しく見てみよう。

先に断っておくと、これから書く内容はどれも確定的ではない。なぜなら、もう話したとおり、本当の強さにはさまざまな解釈があるからだ。どの意味における強さがあなたにとってもっとも意味があるかを考えてみよう。

重要なのは、本当の強さのどこを磨けば人生の障害をどうにか切り抜けるだけでなく、乗り越え、かつ成長するために役立てられるかを明確にすることだ。

逆境や困難からただ立ち直るのではなく、より高く飛べるようになる。誰もが強さをもっているのだから、あとは、どうすればそれを活用できるか知るだけだ。

それができるようになれば、本当の意味で逆境に打ち勝ち、人生により深い喜びを見つけ、満足感を得られるようになる。

1 本当の強さとは、立ち直る力である

「強い」という言葉について考えるときに、いくつかの同義語が頭に浮かぶだろう。タフ、頑強、断固たる……。

この中で私たちが思う本当の強さに一番近いのが「レジリエンス（立ち直る力）」だ。大げさに言えば、この2つの言葉のどちらを使っても変わらないかもしれない。

強さの意味の表し方はまだまだある。オックスフォード英語辞典で「強さ」と引くと、18は下らない数の意味が見つかるだろう。その中には次のようなものも含まれている。

1　精神的な努力や我慢をする能力。
2　壊れたり屈したりすることなく、勢いを維持できる力。
3　肉体的な力。

さらに、「レジリエンス」だけでも最低3つは意味がある。

1　回復、または跳ね返る行為、あるいは働き。
2　弾力性。
3　挫折や病気からすぐに回復する、または影響されないよう抵抗できる能力。

もし、右に書いたすべての意味を1文にまとめるなら、「立ち直る力（本当の強さ）とは、逆境から立ち直って成功すること」だろうか。簡単に言えばそんなところだが、もっと詳しく見てみよう。

レジリエンスという言葉【1】が使われるようになったのは1970年代からである。最初にこの言葉を使った科学者のひとり、エミー・ワーナーは、アルコール依存症や精神的な病気を患う親のもとで貧困の中に育ったにもかかわらず、大人になって成功した人たちにこの表現を使った。

その後、レジリエンスは心理学用語として使われるようになり、さらにその何年も先の2007年に次のように定義された。

「トラウマ的状況を耐え、そのトラウマをきっかけに何かを始められる能力」

21世紀の初めには、レジリエンスという概念に反応したビジネス業界が、レジリエンス・エンジニアリングを思いついた。それは次のようなものだった。

「状況に応じて、あるいは状況が変わった場合にビジネスモデル及び戦略を新たに考案する能力」

さて、あなたはビジネスにおけるレジリエンスの定義が本当の強さと一体全体どんな関係があると言うのか、と思うかもしれない。しかし、私たちは大いに関係があると考えている。

レジリエンス・エンジニアリングを分析すれば、本書に出てくる本当の強さの意味がもっとはっきり分かるようになるはずだ。レジリエンスをビジネスに応用できるのなら、当然、人にだって応用できるはずである。

レジリエンス・エンジニアリング・アソシエーションのウェブサイト（www.resilience-engineering-association.org）には、レジリエンスが強い個人（またはシステム）は「想定内と想定外の両方の状況下で必要なオペレーションを継続することができ」、「脅威やストレスから回復する能力だけでなく、さまざまな状況下でやらなければならないことができる」人（またはシステム）だと書いてある。

【1】少なくとも人間について形容することについてであり、それまではずっと材木の状態を表すためだけに使われていたのだ！

やや素っ気なく聞こえるかもしれないが、どちらの定義も重要なポイントをついているだけでなく、タフや頑強などの言葉と本当の強さを区別しているのが分かる。

取りたかった契約が取れなかったとか、長く付き合っていたパートナーと別れたなど、まあまあ大きな環境の変化や、一度限りの残念な出来事や失敗なら、ほとんどの人が立ち直れるだろう。

ところが、本当に強い人は変わり続ける状況や想定外の変化にも常に順応し、その上で自分の価値観に正直であり続けられるのだ。

「これまでに聞いた『レジリエンス』を表現する言葉で一番よかったのは、『精神的な日焼け止め』だ。レジリエンスとは、身を守る盾で自分を覆ってしまうのではなく、自分を保護する層を作ることなのである」

リギー・ウェッブ（行動コンサルタント）

2

本当の強さとは、安全の確保や自己保身ではない

本当の強さを持つというのは、問題について考え、失敗する可能性を計算し、その上で問題に挑むかどうかを決めることではない。

本当の強さを持つとは、柔軟かつ強固なテクニックを考え、自分の強みと弱みを把握し、問題に正面から立ち向かうことだ。

つまり、本当の強さとは、「安全」（これについてはまた後で説明する）でいるだけでなく、安全ではない状況にどう対応すべきか分かっていることなのだ。

それは障害とチャンスのどちらに対しても効果的な反応ができることでもある。障害とチャンスのどちらの場合であっても、安全が保証されているわけではない。本当の強さとは、それ

でも飛び込んでいく方法を知っていることなのである。

3 本当の強さとは、痛みを避けるのではなく、受け入れることである

痛みやトラウマは人生の避けられない部分であり、そのときにどう対処するかでレジリエンスが強いか、あまり強くないかに分かれる。本書では、逆境に立ち向かう方法を詳しく説明していくが、今はとりあえず次のように覚えておいてもらいたい。

「人間は痛みを取り除こうとする結果、余計に苦しみ、時間を無駄にし、エネルギーを消耗し、人生を窮屈なものにしてしまうことがよくある」

マイケル・シンクレア博士（心理コンサルタント）

痛みや逆境からできるだけ遠ざかろうとする本能は、さまざまな形で出現する。よくある例をいくつか紹介したい。

- 回避する――問題を隠す
- 麻痺させる――お酒を飲む／やけ食いをする
- 憂さ晴らしをする――破壊的な行動をとる／人のせいにする／怒鳴ったり叫んだりする

他の人たちからは状況に対処できているように見えるかもしれないが、実際には、問題を遠くへ押しやるための方法にしかなっていない。長い目で見ると、これらのやり方では、自分は弱く問題に対処できない人間だと感じるようになるだろう。それでは何も学べないだけでなく、成長もしない。

また、ほとんど逆境に直面しない人（安定した人生を送っているように見える人たち）も、頑強に見えて、実はそうでもなかったりする。

次のように考えてみてほしい。彼らは、結果が怖いのでリスクは負わない。なぜなら、変化に対処できないからである。つまり、彼らは見た目ほど頑強ではないのだ。

本当に強い人は、痛み（つまり、人生におけるあらゆる障害――変化や逆境、トラウマ、混乱など）を避けて歩こうとするのではなく、通り抜けようとする。

彼らは複雑な感情に立ち向かうのを怖れず、押しのけようとしないで興味をもち、さらには、それがより強くなるための唯一の方法であると理解している。そして、成長のチャンスを運んできてくれるものとして歓迎さえするのだ。

本当の強さについて一番覚えておきたいのは、花が育つのに水を必要とするように、人が成功するには逆境が必要、ということである。

筋肉を鍛えるのと同じように考えるとよいだろう。脳は、筋肉と同じで75パーセントの水と25パーセントの軟部組織でできている。そのため、同じように鍛えることができるはずだ。ただし、結果を出すためには努力する必要があり、近道は存在しない。「痛みなくして得るものなし」という古い格言は、私たちの体力だけでなく精神力にも当てはまるのだ。

「レジリエンスとは、不快感に対する耐性がすべてである」

ブレネー・ブラウン（心理学者）

4 本当の強さとは、生き残ることではなく、成長することである

本当の強さとは、今経験している何らかのトラウマから生き残ることではなく、トラウマが

あったからこそ成長することなのである。

挫折したからこそ、あるいは挫折したにもかかわらず、より強くなる、自信をもつ、本当の意味で人生をよりよくするのは可能だ。そこで、生き残ることと成長することの違いについて見てみたい。それぞれの言葉にはどんな意味があるのだろう？

オックスフォード英語辞典には、その違いがはっきりと載っている。

生き残る：困難や危険に遭ったにもかかわらず存在し続けること。殺されないこと。死後も生き続けること。

成長する：育つ、または順調に発育する。繁栄する。

ここでのキーワードは、「成長する」である。トラウマを単なる切り抜けなければならないもの（そしてギリギリのところで踏みとどまるもの）としてではなく、成長し、学ぶチャンスと考え、さらには、嵐がおさまるまで隅っこの暗がりに隠れていたいと思わないようにする。

そうすれば、苦しい時期を経験しているあいだも自分の価値観に沿って生きることができるようになるはずだ。つまり、困難な状況でも自分にとって大切なこと（自分の大切な人たちにとってよい友達や娘・息子、パートナーになること）ができるようになる。

「悲劇に負ける必要はない。悲劇があなたを立ち上がらせ、さらに高いところへ連れて行ってくれる場合もあるのだから」

グレッグ・ステインバーグ（自己啓発スピーカー）

5 本当の強さとは、勇気をもって自分の弱さを受け入れることである

「勇気と弱さだって？　矛盾しているじゃないか」と思われても仕方がない。弱さと勇気にどんな共通点があるというのだろうか？　弱さとは欠点ではなかったか？　弱さは勇気と正反対の意味ではなかったか？

心理学者のブレネー・ブラウンは、ＴＥＤトーク「傷つく心の力」の中で、「勇気（英語でcourage）」はフランス語で「心」を意味するcouerが語源となっており、「心全体で自分が何者であるかを語ること」であると言っている。

自分の内面の強さとつながるには、自分の弱さをさらけ出し、さらに、自分は弱い人間だと感じることができなければならない。つまり、あるがままの自分（弱さや欠点を含むすべて）を自ら明らかにするのである。

自分のよいところも悪いところもすべてさらけ出すと、私たちは本当の意味で他人とつながれるようになるはずだ。ブラウンがこう言うとおりである。

「人とのつながりがすべてであり、私たちはそのために存在しているのです」

本書を読み進めるうちに、それこそが本当の力の源だとあなたも気づくだろう。

勇気＝弱さ＝つながり＝本当の強さ

この中のどれか一つが欠けても全体が壊れてしまうのである。

6 本当の強さとは、自己認識と正直な心である

本当の強さを鍛えることが旅なら、自分を認識することはその第一歩といったところだろうか。まずは問題の対処法についての話に戻ろう。すべての人がそうとは言わないが、ほとんど

の人が、人生のどこかで痛みを和らげるのに役立たない対処法を使った経験があるはずだ。それでは、問題を悪化させ、より弱い人間になったように感じられるだけである。

自己認識をもてれば、特定の状況で自分がそう感じた理由や、行動した理由がよりよく理解できるはずだ。すると、自分に合っていない方法を変える機会と自由が生まれ、間違った道に進み始めた自分を止めたり、より早く気分がよくなる道に戻れるようになる。

『Rise: Surviving and Thriving after Trauma（立ち上がれ　トラウマから生き残り、成長する）』の著者であるシアン・ウィリアムズは、彼女の人生の中でもとくにトラウマ的だった体験（彼女の母親が末期の病を患い、彼女自身も乳がんと診断された）について書き、レジリエンスとは「それが起きた原因をあれこれ考えたり、繰り返し生じるマイナス思考に捕らわれたりするのではなく、正直に内省と自己分析を行うこと」だと説明している。

本当の強さとは、自分の気持ちに気づくための自己認識と、自分の本当の気持ちを自分自身や他人に伝える勇気だ。そのようにして自分の感情に心から正直になってはじめて、自分を磨き、強さを鍛える作業に取りかかれる。

自己認識には訓練が必要ではあるものの、その能力は誰でも高めることができる。さらに、自己認識が高まれば、本当の強さもついてくるのだ。

7 本当の強さとは、感情の調整である

感情の調整、感情のマネジメント、セルフコントロール……。さまざまな呼び方があるが、どれも意味は同じだ。つまり、自分の感情に圧倒され、支配されないための能力である。苦しい時期はとくに気をつけなければ、事態を悪化させてしまう場合もある。

さっきとは違う連鎖反応として考えてみよう。

トラウマ的な出来事＋特定の感情＝特定の態度
＝自分に対する感情を表す特定のイメージ

たとえば、仕事を解雇されたとする。自分は無価値で弱い人間だと感じるかもしれない。そして、その痛みを抑えるため酒を飲むとしよう。すると、翌日は非生産的な一日となり、新しい仕事を見つけるために何もせずに終わってしまった。その結果、あなたはますます自己嫌悪

に陥り、（酒の力を借りるなどして）痛みから逃れ、現実と向き合わないようにするという悪循環が続く。

では、別の例も見てみよう。パートナーと大喧嘩になり、彼／彼女が二人の関係を見直すためにしばらく距離を置きたがっているとする。あなたは傷つき、相手を失うのではないかという不安から、その日の夜遅くに電話をかけてしまう。

ところが、まだあなたと話せる心の準備が整っていない相手は受け入れてくれない。そのせいで、あなたは嵐が過ぎるのを待っていればまだマシだったかもしれないのに、より不安が膨らみ、自分は弱い人間だと感じる。

それどころか、そっとしておいてほしいという相手の希望に反する行動を取ってしまったせいで、二人の関係にさらなるダメージを与えてしまったかもしれない。

すでに書いたように、トラウマ的な出来事のコントロールは誰にもできない。ところが、特定の出来事が引き起こす感情をコントロールできれば、それに続く態度も（ある程度は）コントロールできるようになり、結果的に強くなったように感じられるはずだ。

当然ながら、それには自己認識が必要となる。自分の感情を認識していなければ、感情が起きたときにどうやってそれをコントロールし、マネジメントできるというのか？　これを踏まえた上で、自己認識を感情のマネジメントのお姉さん的存在として考えるとよいだろう。
自己認識を高め、感情を調節することについては後でもっと詳しく見ていくが、最終的には、これらの習得が唯一、自分の価値観に沿って人生を生きるための方法になる。本当の強さや感情の調節とは、本当の自分になり、自分自身を信頼できるようになることだ。

「それらの感情を感じないようにするのではなく、自分の価値観に沿って人生を生きるために進んで感じようとするのである」

マイケル・シンクレア博士（心理コンサルタント）

8 本当の強さとは、楽観的になることである

ただやみくもに楽観的になるという意味ではない。たとえば、明らかにどうしようもない状況で「すべてうまくいくさ！」と言うのとは違う。
そうではなく、現実的に楽観するという意味だ。要するに、うまくいくのを願いつつ、最悪の事態に備えておくのである。もっと言えば、問題が待ち受けていることを認識し、それと向き合うことに対して楽観的になるのである。

悪い出来事が起きると、すぐまた別の悪い出来事が重なるということはある。だが、前の問題を乗り越えられたように、次の問題もまた乗り越えられるので安心してほしい。

本当の強さとは、「自分にはどうにかできる」と知っていることだ。そして、問題を乗り越える方法や目標を達成する方法がまったく分からなかったとしても、その方法は必ずや存在し、さらに、自分にはそれを見つけ出せると知っているだけでなく、長い時間をかけて取り組む覚悟もできていることである。

「楽観的になるというのは、甘い考えをもつことではない。苦しい時期は一時的でしかなく、自分にはそれを乗り越えるスキルがあると信じることである」

リギー・ウェッブ（行動コンサルタント）

本当の強さとは、トラウマに対して健全な反応をする能力（その状況のよい面を見ること）だけでなく、チャンスに対しても同じようにできなければならない。

まずはチャンスに気づき、それを自分にとってもっとも有利になるように利用できなければ、トラウマに対して健全な反応ができないのと大差がない。

本当の強さという意味での「楽観的」には、他にどんな意味があるのだろう？　心理学者のバーバラ・フレドリックソンが行った研究によると、マイナスの状況から立ち直れる強い人たちは、ネガティブな感情をポジティブな感情に変えるのがうまいそうだ。

なぜそうできるのかというと、彼らは複雑な感情をもっていて、世の中を「白か黒」だけで見てはいない。世界はグレーであり、ポジティブな感情がネガティブな感情と並存していてもよいことを分かっているからだという。

フレドリックソンの研究では、被験者たちに人生で直面しているもっとも大きい問題について短いエッセイを書かせた。すると、レジリエンスが強い被験者たちは、レジリエンスが弱い被験者たちと同程度の不安をもっていることがわかった。しかし同時にその問題について、不安よりも多くの喜びや興味、意欲を感じていることもわかったのだ。

どちらのグループの被験者たちも同程度の不安を報告したというのは興味深い事実である。つまり、レジリエンスが強い被験者たちは、人生に対して「すべてはうまくいく」という考え方をとっているわけではなく、問題に対する姿勢が違っていただけなのだ。彼らは、自分たちの問題を乗り越える能力について楽観的だったのである。

9　本当の強さとは、逆境の意義や意味を見出すことである

強い人は、ネガティブな感情からポジティブな感情を引き出すことができ、問題をチャンスとして捉えられるだけでなく（このことについては第3部で説明する）、逆境に意味を見出せる。それらの能力は私たちの精神的なレジリエンスを高め、さらには身体の健康も改善することが分かっている。

1980年代後半、テキサス州オースティンにあるテキサス大学で心理学の研究をしていたジェームス・ペネベーカーが、50人の健康な学生たちを対象に実験を行った。

その実験では、学生たちは毎日15分間、4日続けて、これまでに経験したもっとも苦しくトラウマ的な経験か、日常的な出来事のどちらかについて文章を書かされた。

その6週間後、トラウマについて書いた学生たちのグループは、日常的な出来事について書いた学生たちのグループと比べ、気分がよいときが増え、病気になる回数が減ったと報告された。さらに、免疫力が高まり、大学の保健室に行く回数も少なくなったという。

このことから、ペネベーカーは、トラウマ的な経験と向き合うことは身体にとって有益だと結論づけたのである。なぜそうなったかというと、学生たちは自分が感じた痛みに対処していたからだ。

また、彼らが書いた文章を分析したところ、トラウマに意味を見出そうとしていたことも分かった。彼らは、逆境に陥った原因や、それによって受けた影響について調査した結果、自分たちが経験したトラウマについて詳しくなっていたのだ。

そして、さらに興味深いのが、対処方法に憂さ晴らしを選んだ被験者たちには、健康に有益な効果が一つもなかったのである。実際に経験した出来事について語るという対処方法には、人がその出来事に意味や明るい兆しを見つけられる特別な何かがあったのかもしれない。

意味を見出すことには、悲劇をポジティブな行動への契機に変える場合もある。たとえば、スリランカで起きた津波によって命を落としたイザベラ・ピートフィールドの両親は、スリランカの孤児たちのための慈善団体を設立した。

他にも、がんで死んだ父親への追悼として、がん研究を支援するためにロンドンマラソンを走った男性や、仕事を解雇されて突然自由な時間ができた人たちがオックスフォード飢餓救済委員会でボランティア活動をしたという話もある。

彼らは、トラウマの結果としてポジティブな行動（具体的には、人の役に立つこと）をとることで、自分がした経験の意義や意味を見出そうとしていたのである。

「本当の強さとは、トラウマ的経験や挫折から立ち直る手助けとなるものを自分自身の中に持っていることである」

マイケル・シンクレア博士（心理コンサルタント）

次の質問を自分にしてみよう。

①あなたがトラウマ的経験から得た知恵はなんだろう？
②トラウマ的経験から学んだことや知識を他の人のために役立て、さらに、その経験に意味を見出すにはどうすればよいのだろう？　たとえば、経験した内容をブログに書いたり、慈善団体のための寄付を募ったりするのはどうだろうか？

10 本当の強さとは、精神的柔軟性である

精神的柔軟性について語るには、適応力と感情の敏捷性についても触れる必要がある。

精神的柔軟性はさまざまな要素で構成されるが、その根底にあるのが心の柔軟性だ。心の柔軟性とは、問題を一歩引いて見る、または克服すること、そして、反射的に反応するのではなく、あらゆる選択肢について考えられる能力である。

問題解決に向けて創造的なアプローチがとれるよう強くなりたければ、融通が利かない考え方をしてはいけない。

「もっともレジリエンスが強い人とは、人生の浮き沈みを受け入れられるだけでなく、柔軟に対応できる人である。融通の利かない考え方をしていたのでは、柔軟に対応できない」

リギー・ウェッブ（行動コンサルタント）

生き残るという観点から見れば、身体的な敏捷性が欠かせない。つまり、速く、優雅に、そして効果的に危険な状況から脱することができる必要がある。

また、精神的苦痛から生き残るという意味で、それと同じことが感情の敏捷性（これについては後で詳しく扱う）についても言える。

要するに、精神的柔軟性とは、敏捷性と適応力の従兄弟のような存在でありながら、よりマインドフルネスに根づいたものを指す。つまり、物事のありのままを見るため、受け入れ、必要かつ可能な場合はそれを変えるための方法と効果的な行動を取れることである。

マイケル・シンクレア博士は、精神的柔軟性について次のように説明している。

今この瞬間に経験している出来事に対し、防御なしで、意識ある人間として可能な限り完全につながる能力のことである。

そして、人生でもっとも大切なもの、つまり自分が価値を置いているものに向かって進むために態度を変えたり、逆に貫き通したりする。さらには、自分の価値観に沿った生き方をするために自分の考えや気持ちに注意を払うことだ。

また、シンクレア博士は次のように述べる。

困難な状況は、例外なくストレスの引き金となる。私たちの心は、その出来事について自分や他人を批判したり評価したりする内容の解釈を何通りも行う。起こったことを悔んだり、その結果として起きるかもしれないことを心配したりする。

そして、心が生み出すこれらの感情に捕らわれ、その状況から抜け出すために「問題解決」を試み、いかなるつらい経験も避けようとする結果、今この瞬間に完全に注意を向ける能力が落ちてしまうのである。

そのため、周りの状況に関する新しい情報を取り込むのに失敗し、さらには、自分にとってもっとも重要なことや、本来の大切なものを見失う。

すると、対処反応の種類が制限され、ストレスだらけの状況が私たちに求めることに柔軟に適応できなくなってしまう。つまり、自己流に捕らわれ、精神的に硬直してしまうのである。

反対に、「精神的柔軟性」のスキルを磨くことができれば、レジリエンスが強い人になれる。なぜなら、刻一刻と求められるものが変わる、ストレスだらけの状況に、楽に適応できるようになるからだ。

頭をクリアに保ち、視点を変え、自分の考えや感情に上手に反応し、自分にとってもっとも重要なものに気づける。そして、自分にとって意味があると思える効果的な態度をうまく取れるようになり、挫折を乗り越え、立ち直れるようになる。

困難な状況や挫折に直面したときの精神的柔軟性とは、次のようなことを指す。

- 防御なしの状態で、この瞬間に経験している出来事に対して可能な限り完全につながる。
- ストレスに満ちた考えや気持ちから抜け出し、もっと効果的に反応する。
- そのときの状況に応じて、そのときのあなたにとってもっとも重要なこと、つまり、あなたがより充実した、満足できる人生を生きるために必要なことに向かって進めるよう、態度を変えるかあるいはそのまま貫き通すか選ぶ。

精神的柔軟性は誰でも実践できる。私たちは、自分にとってもっとも重要なことのために、つらい考えや気持ちと向き合う能力を育てることができるのである。

そのためには合計6つの鍵となるスキルがある。これらのスキルは次の3つに分類される。

①目を覚ます（認識の高まり）
②力を抜く（つらい考えや気持ちと進んで向き合う）
③立ち上がる（自分にとってもっとも大切なことをするという約束）

①目を覚ます（認識）

- 今この瞬間を生き、沸き起こる考えや気持ちをその都度認識する（マインドフルネス）。
- 自分は自分の考えや気持ちの観察者であり、自分は自分の考えや気持ちより大きい存在であると認識する。

②力を抜く（積極性）

- ストレスを生み、人生を制限する考えから自分を解放する。自分の考えを通して状況を見るのではなく、考えを単なる思考として見る。
- 困難な気持ちを受け入れる。つらい気持ちを避ける、抑え込む、またはコントロールしようともがくのではなく、気持ちは自然に変わっていくことを受け入れる。

③立ち上がる（約束）

- 自分にとって本当に大切なこと、あるいは、どんなことなら困難な状況でも我慢できるか考える。
- 自分にとってもっとも重要なことに近づけるよう安全地帯から踏み出すなど、具体的かつ大胆な行動をとる。

11　本当の強さとは、バランスである

まるで自分にばかり悪い出来事が起きているかのように大げさに考えたり、被害者意識に陥ったりするのはよくあることだ。

本当の強さとは、自分がそうなっていると気づき、それを正すことである。つまり、実際の状況と、不安でパニック状態の脳が言っている内容とのあいだでバランスを取り、そうすることで適切な反応ができるようになるというわけだ。

次の質問を自分にしてみよう。

①他の人たちに比べ、自分は不当に扱われている、または不利だと感じている？
②直面している問題がより深刻になり得る状況を3つ書こう。
③直面している問題にプラスに変わりそうな部分が一つでも見つからないだろうか？　頑張って探してみよう！　見つかったら書き出すこと。

テスト
TAKE THE TEST

あなたにとって本当の強さとは?

強さは絶えず変わり続ける。浮いたり沈んだり、同じ一日でも、無敵だと感じたと思ったらすぐに、折り合いをつけるだけで精一杯になったりもする。

たとえば自分の「ホームグラウンド」にいるときや確信があるとき、または、目的と結びつけて考えられるなど特定の状況下では、自分は強いと感じられて当然だ。ところが、その感覚がうまく捕らえられなかったり、あるいは、その感覚が例外的に起こっただけだったりした場合は、何とも腹立たしく感じられるかもしれない。

一度でも、本当の強さがいかに自分の日常生活や幸せに影響するかが分かってしまうと、もっと頻繁に強さを感じられるようになりたいと思うようになる。

本当の強さの確かな基盤を築くための最初の一歩は、自分にとっての本当の強さの意味を知ることである。次のテストを受けてみてほしい。

問1
争いごとになったとき、あなたが取りがちな行動は？

A　相手が聞きたがっていそうなことを言う。
B　なかったことにする。
C　絶交を考える。
D　具合が悪くなるほど腹を立てる。

問2
あなたがもっとも尊敬する人は？

A　完全に怖いもの知らずにみえる人。
B　物事を大局的に見ることができる人。
C　いつでも自分の意見を言える人。
D　プレッシャーを感じる状況でもパニックにならない人。

問3
もっとも調子がよいときのあなたは？

A　どんなことにも対処できそうな気がする。
B　将来が楽しみになる。

C　何でもできそうな気がする。
D　状況を改善できそうな気がする。

問4
最近、あなたの人生は？
A　変化の連続だった。
B　自分探しだ。
C　挫折が相次いでいる。
D　ときどき、恐ろしくなる。

問5
仕事で困った質問をされると？
A　とにかく賛成する。
B　逃げ出したくなる。
C　答えるのが難しいと気づく。
D　涙ながらに言い返す。

問6
あなたがもっと強かったら?
A　もっとたくさん「イエス」と言う。
B　もっと早く立ち直れる。
C　もっと自分の意見を押し通そうとする。
D　もっと上手に変化に対処できる。

問7
子供のころのあなたは?
A　過保護に育てられた。
B　絶対にクラスで1番になりたかった。
C　やや心配性だった。
D　人から好かれるか不安だった。

問8
あなたがもっとも強く感じられるのは?
A　問題の答えを見つけることができたとき。
B　自分が信じているもののために立ち上がることができたとき。

C　ストレスにさらされても落ち着いていられるとき。
D　安全地帯から踏み出せたとき。

問9
あなたの追悼記事が出るとしたら一番強調してほしいのは？

A　誠実さ。
B　恐れ知らずなこと。
C　機知に富むこと。
D　忍耐強さ。

問10
強くなることで、自分の人生から減ってほしいのは？

A　困難に感じること。
B　残念に感じること。
C　消耗を感じること。
D　予測できないと感じること。

次の表を使ってそれぞれの答えの点数を合計し、あなたにとっての本当の強さとはどういうものなのか調べよう。

	A	B	C	D
問1	4	8	6	2
問2	8	2	4	6
問3	2	6	8	4
問4	6	4	2	8
問5	4	8	6	2
問6	8	2	4	6
問7	2	6	8	4
問8	6	4	2	8
問9	4	8	6	2
問10	8	2	4	6

［点数合計20～35点］

あなたにとって本当の強さとは「レジリエンスが強いこと」

あなたにとって本当の強さとは、失敗から立ち直り、物事がうまくいかなかったときに「このことから何を学べるだろう？」と考えられる「しなやかマインドセット」（86ページ参照）を取り入れられるかどうかにかかっている。

レジリエンスが強いとは、ストレスや挫折に対処する強さがあるということだ。レジリエンスを高めると、挫折に直面しても楽観的であり続けることができる。

［点数合計36～45点］

あなたにとって本当の強さとは「正直でいること」

あなたにとって本当の強さとは、自分の価値観、つまり、人生の嵐を切り抜けさせてくれるコンパスに忠実であることだ。正直さと信頼性が本能的直観に耳を傾けるための静かな強さを与えてくれるだろう。あなたは今、もっとも楽な道を進むのではなく、難しい決断をし、正しいことをするための強さを探しているのである。

［点数合計46～60点］

あなたにとって本当の強さとは「適応力が高いこと」

あなたにとって本当の強さとは、あなたの変化に対する向き合い方と、いかに上手に突然起きた、あるいは予測通りにいかなかった状況に対処できるかである。本当の強さがあれば、都合の悪い状況を避けてチャンスを逃すのではなく、「かかって来い！」のメンタリティで変化を受け入れられる。

［点数合計61～80点］

あなたにとって本当の強さとは「勇敢さ」

あなたにとっての本当の強さとは、スケールの大きい人生を生き、安全地帯から踏み出す勇気をもつことだ。

弱い人間になる勇気があり、成功する可能性と同じくらい失敗するリスクがあるような新しい状況や困難に進んで飛び込めることである。

第2章

CHAPTER 2 HOW ARE YOU FEELING RIGHT NOW?

今のあなたの気分はどう?

「今のあなたの気分はどう?」

と尋ねられたら、今まさに苦しい時期にいる人は、次のように答えるかもしれない。

「あまりいい気分ではありません」

あなたは「不安だ」「弱った」「怖い」「自分の手には負えない」「憂鬱だ」などさまざまな感情を味わっているだろう。あるいは「現状に怒りを感じている」とか「自分には状況に対処することができない」などと感じているかもしれない。


人生に悲劇や大きな変化(「命の危険がある病気を宣告された」「離婚」など)が起きると、人は激しく混乱し、自分の信念を疑ったり、これまでに感じた経験がない感情をもったりする。

感じ方に正解も不正解もないが、以下のような感情が一般的と言えるだろう。

●普通であるという感覚がない。
●怒りや怖れを感じる。
●すべてが非現実的で異質だと感じる。
●まるで箱の中から外の「普通」の世界を眺めているような、切り離されているような感覚になる。
●「もう絶対に以前の自分に戻れないのだろう」と感じる。
●すべてのコントロールを失ったように感じられ、罪悪感と情けなさから絶望感が増す。
●コントロールそのものを失う。それによって極度のストレスを招く場合もある。
●「強い」とはどういうことなのか想像すらできない。
●何も感じない。
●苦々しさや憤りを感じる。

どれもまったく普通の感覚だし、人は誰でもそう感じるものだ。そのように聞けば気が楽になるだろう。

私たちは、逆境に直面したときに上手に対処する能力や精神的強さをもって生まれてきていない。それどころか、「生存本能」（「闘争逃走反応」ともいう）を備えている。これはつまり、脅威を感じたときに避難するか固まる、もしくは闘う本能のことだ。

「私たちは誰もが生まれつき本能的な弱さを持っているため、当然のこととして痛みや逆境から逃げようとする。これは、先天的な生存術なのである」

マイケル・シンクレア博士（心理コンサルタント）

生存本能とは、大昔の私たちの祖先が、生命を脅かす日常的な危険から生き残るために身につけなければならなかったものだ。

ここでの危険とは、当時は頻繁にあったサーベルタイガーや熊からの襲撃、あるいは食料を求めて狩りに出ているときに槍で突かれるといったものであった。

今はもう怖れるべきサーベルタイガーもいないし、食料の買い物に出ているときに死を警戒する必要はほぼない。問題は、このように周りの世界は変わったというのに私たちの脳は変わらず、逆境はすべて生命を脅かす対象として反応するよう発達してしまったということである。

これは、単純に現代の物理的な心配（閉じ込められてしまうといけないからエレベーターは使わない、テロを警戒して地下鉄に乗らないなど）だけでなく、精神面の健康に対する脅威についても同じだ。

たとえば、恋に落ちたときや面接を受けるとき、あるいは、知らない人だらけの部屋に入ろうとするときに心臓がドキドキして手に汗を握る感覚が分かるだろうか？　あれは、脳が生存モードに入った証拠だ。

このときに脳で起きる自然な反応は、これらの脅威をできるだけ早く、簡単に取り除くことだ。なぜなら、私たちの頭にあるのはただ一つ、生存することだけだからである。

ところが、トラウマを受けたにもかかわらず生き残るのは、トラウマを受けたにもかかわらず成長するのとは違う。私たちは、生き残る能力は生まれつきもっているが、成長する能力は学ばなければ身につけることができない。そこで本書の出番というわけである。

脅威にさらされたとき、脳では何が起こっているのだろう？

人生に何が起きても成長し、鍛えられるよう脳を再教育する方法について学ぶ前に、現時点での脳が逆境でどんな働きをしているかを知っておこう。

生存本能または闘争逃走反応は、脳の大脳辺縁系と呼ばれる部位で起きている。大脳辺縁系とは、私たちの頭の中心、額のちょうど内側にある、神経やネットワークからなる複雑なかたまりのことだ。

大脳辺縁系は、喜びや怒り、恐怖、空腹などの基本的かつ原始的な感情を司っている。高度な思考や論理的な考えを司る前頭前野（私たちがレジリエンス、または本当の強さを培うのに使う脳の部位）とは違い、大脳辺縁系はもっとずっと単純な、ただ私たちを生かしておくためだけの原始的な反応を司っている。

これをあなたの中の警報装置のように考えてみよう。脅威（物理的、精神的にかかわらず）を感知すると警報が鳴り、私たちは自分自身に「この感じ、この痛みは好きじゃない」と伝える。「できるだけ早く取り除かなければ」と。

するとどうなるか。脳の中枢神経系が、2つの主要ホルモンであるコルチゾール（「ストレス」ホルモンとしても知られている）と、（サーベルタイガーから）逃走あるいは闘争するのに必要な巨大なエネルギーを私たちに与えるアドレナリンでいっぱいになる。そしてこれらのホルモンが、最終的に私たちを行動へと駆り立てる、心臓のドキドキや手汗といったストレスの症状を引き起こすというわけである。

第1章でも触れたように、これらの「闘争逃走」反応、または行動はさまざまな形で現れる。たとえば、回避する、くよくよする（詳しい説明はまた後で）、憂さ晴らしをする（枕をパンチバッグにしたり、もっとも身近で大切な人に向かって怒鳴ったり！）など。

ここで絶対に覚えておいてほしいのは、もし本当の強さを鍛えたければ、これらの反応や態度はどれも大して役に立たないということだ。

それどころか、コルチゾールとアドレナリンは神経毒でもあるため、多すぎると脳神経細胞を傷つけたり、破壊したりする場合もある（ストレスは本当に脳を縮ませるのだ！）。心身の健康のためにも、これらのストレスを誘発する生存本能の対処方法を私たちの成長に役立つ、より高度で積極的な対処方法に置き換えるべきなのだ。

脅威にさらされたときの私たちの態度は？

脅威を感じたときに脳で何が起きているかは分かったが、それがどのような態度につながるか見てみよう。実際にトラウマに襲われると、私たちはどうするか？　一般的な反応とは？　次のうち、いくつに思い当たるだろうか。

回避する

あなたは、困難な状況に直面したとき、何度その状況を無視しようとしただろう？　消えてなくなってほしいと思いながら、なかったことにしようとした経験はないだろうか？

困難な状況に陥ると、苦し過ぎる感情に向き合わなくてすむよう回避しようとすることがある。そんなとき人は、これは夢に違いないというような態度をとったり、あからさまに状況を無視してそれまでと変わらない態度を続けたり（起こった出来事を誰にも話さない場合もあるだろう）、あるいは、痛みから気をそらすために仕事やその他のことに没頭したりする。

問題は、その痛みはいずれ災いとなって舞い戻ってくるということだ。実際に、うつ病やその他の精神的な病気は、未処理、あるいは取り組まなかった精神的苦痛が最大の原因の一つだったりする。覆い隠そうとしても、私たちのためにはならないのだ。

くよくよする

考えが頭から離れなくなってしまう。多くの場合、私たちは問題の責任は自分にあると考える。そして、何か自分の手に負えないことがあると、状況をコントロールしようとして頭の中で何度も繰り返し起きたことについて考え、起きたことを少しでも理解しようとするのである。

どうして自分はこうしてしまったのだろう、なぜ自分はああしなかったのだろう、こう言えばよかった、あのときああしていれば……など自分自身に問いかけた経験がある人なら、この状態がよく分かるはずだ。

問題は、頭の中でいろいろと考えるのにエネルギーを費やすほど、解決策を見つけたり問題を乗り越えたりするのに使えるエネルギーが減るということだ。さらに、くよくよすると気分が余計に落ち込むという科学的証拠まで出てきた。

ある研究で、軽度から中度のうつ病の人たちに落ち込んでいる原因について8分間くよくよ考えてもらった。すると、くよくよ考えたうつ病の人たちは、他のことを考えて気を紛らわせたうつ病の人たちに比べ、気分の落ち込みが著しく悪化し、しかも長い期間その状態が続いたという。

無意味な苦しみ（希望も明るい兆しも見えないような苦しみ）は、最終的にもっと重いうつ病につながることが分かった。

また、BBC Lab UK（イギリス国営放送局ＢＢＣが提供する大規模オンライン調査機関）がリバプール大学の心理学者たちと共同で作成したオンラインのストレステストを使った研究では、172カ国に住む32827人の協力を得て、抱えている問題についてくよくよ考えたり自分を責めたりする行為はうつ病や不安神経症の最大の前兆であり、その人のストレスレベルを決定することを発見した。

さらに、実際に起きた出来事より、その人の心理的反応のほうが重要な要素となっていることも分かったのである。研究を指揮したピーター・キルダーマンは次のように言う。

「困難についてくよくよ考えたり自分を責めたりしない人のほうが、たとえ悪い出来事を数多く経験していたとしても、うつ病や不安神経症のレベルが低いことが分かりました」

自己破壊する

自己破壊とは、自分にとって怖い未知のことをしなくてすむ、あるいはできないようにするために自分自身を傷つける行為である。

もっとも一般的な自己破壊的行為には、人生を前へ進めないために、あるいは、進めない言い訳をするために、先延ばしにしたり、アルコールや薬物を乱用したり、自分を精神的に打ちのめしたり、自分は無価値だと自分自身に言い聞かせたりすることが含まれる。

罪悪感を抱く

罪悪感を抱くとは、自分を脅かすことだ。自分だけではなく、自分が苦痛を与えてしまったと感じている人たちを脅かすことでもある。ところが、実際には、責任を取らなくてすむ方法であり、現実と向き合わない方法（人を拒絶する、浮気をする、など）でもある。

人のせいにする

極めて困難な状況で、どうしても耐えられなくなり、他人に責任転嫁しようとする場合がある。人のせいにできれば、自分に厳しくする責任から逃れられるからだ。ところが、人のせいにしては後悔する癖がつき、成長できなくなってしまうこともある。

自分にうそのストーリーを聞かせる

心理学者のブレネー・ブラウンは、自分にうそのストーリーを聞かせることについて次のように語る。【1】

　ストーリーは私たちを安心させます。不快や不安だと、脳は即座に私たちがその出来事の意味を理解できるようストーリーを作り出します。誰が悪者（脅威）で、誰が正義の味方で、どうすれば安全な状態でいられるかが分かるように。

　さらに、幸せホルモンであるドーパミンを与えてくれるため、少しのあいだは心が落ち着くかもしれません。

問題は、ストーリーは真実である必要がないということでしょう。つまり私たちは、自分に合うストーリー、もっと言えば痛みから解放してくれるストーリーを自分に聞かせることができてしまうのです。

「仕事でこんなことが起きたのは私／彼女／彼が役立たずできちんとしていないからだ」

「……は私のせいじゃない」

「このデートには行かない。だって、これまでのデートはどれも最悪だったもの」

問題は、ストーリーがどれも恐怖から生じている点です。よく分からない恐怖、他人にどう思われるだろうという恐怖。長い目で見ると、そのようなストーリーには害しかありません。

また、自分にストーリーを聞かせるとき、私たちは痛みを処理するのではなく「行為化」します。行為化とは、簡単にいえば「憂さ晴らし」です。これは大脳辺縁系（無条件反射的反応を司る、さほど高度ではない脳の部位）で起こるため、コントロールするのは不可能です。ただ唯一可能なのは、できるだけ早く正しい道に戻ることでしょう。それには、神経経路をプログラムし直し、強化しなければいけません。

【1】ケイティ・レーガンによるブレネー・ブラウンの電話インタビューより（2015年）

右に紹介したのはどれも多くの人がとりがちな対処方法だが、残念ながら、私たちの痛みや恐怖、不安を悪化させるだけだ。私たちの心を強くするどころか、弱らせてしまうのである。

私たちは痛みにすべてを吸い取られた結果、くよくよ考えるのに夢中になり（「なんでこうしなかったんだろう」「せめてこうしていれば」など）、自分の価値観を尊重するという人生でもっとも大切なことをするための精神的余裕やエネルギーを失い、自分の世界を狭めてしまうのである。

本当の強さを身につけるには

レジリエンスを鍛えるのは後回しにするほど難しくなる。脳は何百もの神経経路でできていて、どの神経経路が一番強くなるかは、私たちがもっともよく取る態度や使う思考プロセスによって決まる。

また、レジリエンスそのもの（本当の強さを鍛えること）はプロセスであり、目的ではない。

こう考えると、本当の強さを鍛えるのに重要なのは、あなたのレジリエンスを弱めていた役に立たないプロセスをすべて取り除くことだ。つまり、新しい神経経路を使い、強化することを学びつつ、間違った経路を衰えさせるのである。おそらく、とんでもなく大変な作業だと感じられるだろう。それにはいくつもの理由がある。

●すでに分かっているように、私たちは生まれつき強さを台無しにし、生き残ることだけを目的とした対処方法を取るようにできている。
●私たちは、学習行動を通して間違った神経経路を鍛えてしまう（つまり、悪い癖がつく）。
●年を取るにつれ、私たちはより多くのことを恐れるようになり、レジリエンスが低くなる。

その結果、成長するために恐怖に立ち向かうことに対しても悲観的になってしまう。

ただし、脳には神経可塑性という、使い方次第で変化も成長もできる性質があるという重要なポイントを忘れないでほしい。

あなたが何歳でも、または、どんなに長いあいだレジリエンスを育てない、役に立たない思考パターンを使っていても、新しいパターンを学ぶのに遅すぎるということはない。

そのためにはどうすればよいかを詳しく知ろうとする前に、右の最後の項目について見てみよう。なぜ、人は年を取るごとにレジリエンスが低くなるのだろう。

それは、大脳辺縁系は私たちの幸せを脅かす、すべての危険に対して警報装置のような役割をもっているだけでなく、危険のデータベースでもあるからだ。

飛行機に乗る、孤独になるといった危険を感じるたびに、私たちの脳は「おっと、それは嫌だね」と言い、大脳辺縁系がその情報を「データベース」に永久に保存する。

そして生き続ける限り、私たちは新たに経験した危険を感じる状況や情報をデータベースに記録し続けるのである。

問題は、大脳辺縁系の情報ストレージに「闘争逃走反応」を引き起こす状況の数が膨大に溜まっていくことだ。この問題に取り組まなければ、私たちはすべてを恐れるようになり、不安障害を発症する場合もある。

そして、気づいたときには、脳の大脳辺縁系が脅威を感じる状況として登録した「試験を受ける」「新しい人と会う」「人前で話す」「エレベーターに乗る」などを体験するたびに動悸がするようになってしまう。

とはいえ、ちゃんとした方法さえ知っていれば、年を取るごとにレジリエンスが低くなるどころか強くなることもあり得るのだ。

トラウマを経験すると脳が強くなる

人はもっともよい方法でトラウマに対処できるよう生まれついてはいない。だから、強くなりたければ、よい対処方法がとれるよう学ばなければならない。

ところが、よい知らせもある。あなたの今の困難な状況（それが人間関係の破綻や離婚、大切な人との死別、あるいは不快な時期全般でも）は長い目で見ると、あなたのためになるのだ。

トラウマは私たちのためになる！　実際に、人はトラウマを経験せずして強くなれない。なぜなら、その経験こそが私たちの脳を変えるからである。

研究の結果、トラウマの直後は脳の神経可塑性が通常より高くなっていることが分かった。神経可塑性とは、状況が変化したときに、脳自体が神経経路を調整したり新しく形成したりする再編成能力である。

つまり、脳はトラウマの直後には効果的な治癒につながる活動を数多く行えるようできているのだ。ポイントは、この能力をフル活用できるよう脳と協力し合い、あなたの脳がもつ「心的外傷後成長」と心理学者たちが呼ぶ状態のポテンシャルを発揮することだ。

心的外傷後成長を促進するために療法士たちが使うテクニックがある。ただ起きた出来事を乗り越えるだけではない。心的外傷後成長を促進させるとは、人がポジティブに過去を振り返る手助けをし、「反脆弱な人間」になれるようにするという意味だ。

「反脆弱な人間」とは、作家のナシーム・タレブが作り出した造語で、自分にのしかかるストレスの重みに対してレジリエンスが強いばかりか、重みによってさらに強くなれる人を表している。

①経験から学ぶ

経験から得られるものはないか自分自身に聞く。トラウマのよい部分が見つかれば、それを経験した意味も分かるはずだ。また、その意味によって、自分がトラウマに対して有力か無力か決まる。最悪の場合、トラウマのせいで自分は「欠陥品」だと信じてしまうようになるかもしれない。

かわりに、次のように自分に聞いてみよう。自分はこの経験から何を学んだだろう？　トラウマからだけではなく、それを乗り越えたことで何を学んだかという意味だ。

たとえば、過去10年間トラウマに苦しんできたが、（おそらくセラピーによって）今はそれほど苦しいと感じなくなっているとしよう。するとあなたは、どんなに無理だと思っていても、すべての物事は必ずよい方向に向かうことを学べるはずだ。

②ターニング・ポイントに気づく

極めて苦しい時期には、「何かを変えなければいけない」と自分自身に言い聞かせるタイミングがあるだろう。

これが、私たちにとっての「核心」またはターニング・ポイントだ。この声に耳を傾けると、前に進むための本当の強さと意欲が感じられるようになる。

マーク・ティレルは、自身のセラピーについてのブログ『Uncommon Knowledge（卓越した知識）』（www.unk.com/blog/）で「あらゆる恐怖は失うことである」とし、「そのため、すべてを失って他に何も失うものがなければ、不思議にも怖いという気持ちは消失し、本当の進歩を遂げられる」と書いている。

③ポジティブな比喩を活用する

落ち込んでいるとき、人は自分自身や他人に対してネガティブな想像力を働かせる。たとえば、最悪の事態を思い浮かべるのがそうだ。

そこで、ポジティブな比喩（たとえば「海底を転がった石ほど美しく磨かれる」など）を使って考えると、想像力を健全に働かせることができる。そうすれば強くなれるし、自分がした経験についてポジティブに考えるのに役立つだろう。

逆境をバネにしてもっと強くなれる

ここまで、私たちの決まり文句は「人間は生まれつき成長するようにできていないため、成長するには学ぶ必要がある」だった。

今あなたがどんなに落ち込んでいるとしても、苗木が一条の光を見つけ、それに向かって伸びていくように、あなたも必ず立ち直り、成長できる。

このプロセスは「自己実現」と呼ばれている。１９５０年代に心理学者のカール・ロジャーズが生み出した造語で「自分のポテンシャルを発揮し、自分に可能な限りの最高の『人間性』を達成する」という意味だ。

つまり、最高に強い自分になることである。ロジャーズは、それこそが人生唯一の目的であると信じていた。

スティーブン・ジョセフ教授は、ノッティンガム大学で人間の成功や幸福に関する調査・研究を行っている。彼はアブラハム・マズローが唱えた「自己実現」理論について検討し、「自己実現」とは「もっとも高い欲求を最高に満たす」ための個人の成長だという。つまり、最高の自分になれるよう成長し、欲求を満たし、人生に意味を見出すことだ。

本章では、「逆境の科学」について見てきた。その中で、逆境に直面したときに脳で何が起きているか、また、それがそのときのあなたの気分の原因になっていることについて述べてきた。

人生には苦しい時期もあるし、逃れようのない逆境というものも存在する。ただし、すでに書いたように、重要なのはこれらの問題にどう対処するかだ。

そして、その経験によって成長できるという証拠は数多く存在する。逆境は、よりよい、より意味のある人生へのバネとなる。あなたは必ず強くなれるはずだ。

テスト

TAKE THE TEST

逆境へのあなたの対処方法は？

本当の強さとは、逆境に対処する以外にもたくさんある。とはいえ、逆境が私たちひとりひとりを形成するのに重大な役割を担っているという事実からは逃れられない。多くの研究によって、正しく反応しさえすれば、トラウマによって強くなれることが分かっている。ところが、一部の人たちにとっては、逆境とはその人を圧倒し、むしばみ、乗り越えるには多くの時間と労力を必要とするものだ。重大な危機に直面すると、自律神経系に支配され、闘争逃走反応が起きるためである。

ところが、長期にわたる問題にはさまざまな処理の仕方が必要なのだ。どのようにして、あるいはなぜ困難な時期が私たちの幸福感や感情の安定を損なうかについて理解することが、それらの感情をコントロールするための第一歩となる。

問1
子供時代、悪いことが起きると、あなたはよく

A　癇癪を起して大騒ぎした。
B　自分の部屋にこもり、誰とも話さなかった。
C　笑顔を浮かべ、前へ進んだ。
D　空想の世界に逃げ込んだ。

問2
先に待ち受ける問題について考えるとき、あなたは

A　自分が萎縮するのを感じる。
B　なるべく考えないようにする。
C　逃げようとする。
D　体が熱くなり、嫌だと感じる。

問3
あなたがプレッシャーを感じていると他の人たちにも分かるのは、あなたが

A　いつもより多く飲み食いしているから。
B　長期休暇について話し始めたから。

C　短気になっているから。
D　いつもより静かだから。

問4
ストレスの影響が一番大きいのは、あなたの
A　心の平和
B　人間関係
C　社会生活
D　健康

問5
プレッシャーを感じるとき、他の人からの助けは
A　イライラさせられない限り役立つときもある。
B　嬉しいけれど、自分の気持ちは自分で整理する。
C　あまりない。なぜなら、人には自分一人で対処できているように見えるから。
D　期待を裏切ったようで罪の意識を感じる。

問6
職場でのあなたの評判は

A　静かに身を潜め、どうにかやっている。
B　絶えず明るい。
C　常に次の長期休暇の予定を立てている。
D　常に自分の信念を守り抜こうとする。

問7
あなたはこれができる限り、ほとんどのことに対処できる。

A　自分自身にすべてが順調だと言い聞かせる。
B　何か楽しみがある。
C　必要な助けが得られる。
D　一人でじっくり考える時間がある。

問8
人からどう思われると落ち込む？

A　当てにならない人だと思われる。
B　対処能力がない人だと思われる。

C　つまらない人だと思われる。
D　偉そうだと思われる。

問9
あなたのせいではない、小さな交通事故に巻き込まれたとする。あなたがまず思うのは
A　相手を困らせたい。
B　落ち着くため家に帰る。
C　みんなに自分は大丈夫だと言って安心させる。
D　新車の購入を考える。

問10
あなたの幸せをもっとも損ねるのは、次のうちのどの感情／習慣？
A　くよくよする。
B　自分は無敵だと思う。
C　ちょっとしたことを大げさに言う。
D　キレる。

それでは、次の表を使ってそれぞれの答えの点数を合計し、あなたが逆境にどのように対処しているか調べよう。

	A	B	C	D
問1	2	4	6	8
問2	4	6	8	2
問3	6	8	2	4
問4	8	2	4	6
問5	2	4	6	8
問6	4	6	8	2
問7	6	8	2	4
問8	8	6	4	2
問9	2	4	6	8
問10	4	6	8	2

［点数合計20～35点］

人に強く当たる

逆境に対するあなたの防御は怒りだ。他人や周りの環境から攻撃されたと感じると反撃に転じるのである。

あなたは不安になりやすいか、いつもストレスが高い状態で生きているため、過度に用心深い。あなたは自分の問題を人のせいにしたり、怒りに任せて大切な人たちを傷つける言葉を言ったりする。そのせいで、過去に人間関係に問題を起こした経験があるだろう。

［点数合計36～45点］

隠れる

あなたは、葛藤を敬遠する。そのため、意味をきちんと理解できるまで自分の中に閉じこもり、問題や困難に対処しようとする傾向がある。

あなたが静かになるため、大切な人たちは、あなたがプレッシャーを感じているのを察知できる。あなたは、基本的には自己完結型で感情のコントロールも上手だ。

ただし、問題を自分の中に秘めてしまうため、あれこれ考える癖がある場合はとくに気分やレジリエンスの強さが影響を受けやすい。

［点数合計46〜60点］

すべて順調なふりをする

あなたは「大げさに騒がない」、または、すべて「順調」なふりをするのは立派だと信じて育ったのではないだろうか。

ところが、自分の気持ちを否定、あるいは自分から切り離してしまうと本当の強さは得られない。それどころか、脆く壊れやすい表面を取り繕っているだけなので、過度に飲み食いするなどして自分の気持ちを麻痺させなければならなくなってしまう。

あなたが本当の強さを鍛えるための最初の一歩は、自分の気持ちや感情を拒否するのではなく、触れることだ。

［点数合計61〜80点］

逃げる

「オール・オア・ナッシング」の考えをもち、ちょっとしたことを大げさに言う癖がある。あなたは、問題に背を向けやり直す以外の選択肢はないと思い込んでいるのではないだろうか。ところが、難しい人間関係や仕事を放棄すると、自分の感情をきちんと処理し、理解する機会がなくなってしまう。

今こそ、自分の苦しい時期を乗り越える力を信じ、経験から学び、自分にも逆境に対処できることを自分自身に証明しよう。

第3章 本当の強さに向かって進もう

CHAPTER 3 MOVING TOWARDS REAL STRENGTH

これまでは、今のあなたの気持ちやその理由、さらに、困難な局面では脳で何が起き、それが態度にどう影響するかについて説明してきた。

繰り返し不健全な対処方法を取り続けると、それらは学習行動となってしまう。また、脳は私たちに踏みならされた道を行くよう指示する。

だが、私たちは違う態度を学ぶことができるし、別の道を歩むことができる。そう、安心感と強さを得られる道を進むことができるのだ。

つまり、本当の強さを鍛えることに関しては、私たちが主導権を握る必要があるというわけだ。そのためにはどうすればよいのだろう？　そして、どうすれば本当の強さの基礎を築けるのだろう？

「マインドセット」に注意しよう

心理学的には、人生にはたった2つのマインドセット（考え方のパターン）しか見つかっていない。それが「こちこち」マインドセットと「しなやか」マインドセットだ。幼少期の頃から発揮されるこの2つのマインドセットからは、私たちのあらゆる態度、成功や失敗との関係、さらに、究極的には幸福と本当の強さに関する能力が生まれるのである。

マインドセットという概念、そして、誰もが「こちこち」か「しなやか」のどちらかのマインドセットを持っているという理論は、スタンフォード大学の心理学教授のキャロル・ドウェックが提唱している。彼女は何十年にもわたる研究の結果、この理論に到達したのだ。とてもシンプルだが有効な理論だ。

ドウェックは、同じ才能や技術、素質をもつ人たちでも、その分野で活躍し成功する人がいる一方で、挫折し、完全に脱落してしまう人がいる理由を知ろうとしたのである。

では、マインドセットについてもっと詳しく見てみよう。マインドセットとはどういう意味なのだろうか？　あなたの生き方や、挫折したにもかかわらず成長する能力にどう影響するのだろうか？

「こちこち」マインドセットとは?

簡単に言うと、こちこちマインドセットの人は、自分の基本的な資質(知能や才能、スキル)は「固定的」だと考えているのである。

彼らは、生まれつき持っているものがすべてだと信じているため、それらのスキルや知能を高めようとしても無駄だと考えている。

こちこちマインドセットとは、思い込みである。「自分は○○だ」「自分は○○じゃない」「自分には○○できない」。

そして、努力ではなく先天的な才能だけが成功を生むと信じているのである。

「しなやか」マインドセットとは?

しなやかマインドセットの人は、賢い脳や才能があることは素晴らしい出発点ではあるが、情熱と努力なくして何かを達成することは誰にもできないと理解している。

彼らは、脳を向上させるために鍛えるのは可能であり、失敗はそのプロセスに過ぎないと信じている。失敗に対して前向きであるだけでなく、失敗を成功に必要な土台として見ている。

この事実からも、しなやかマインドセットの人は最初からレジリエンスが強いことが分かるだろう。つまり、内面的な強さを鍛えるには、しなやかマインドセットを育てる必要があるのだ。


すでにしなやかマインドセットはビジネスや教育、スポーツの世界で教えられ、モチベーションや生産性を上げ、レジリエンスを高めたり人間関係を深めたりするために使われている。なぜなら、成功するのと同じくらい大切なのは成長し、学ぶことだからである。

しなやかマインドセットが「やり抜く力」を生む

アメリカの心理学者アンジェラ・ダックワースは、著書『やり抜く力　GRIT（グリット）――人生のあらゆる成功を決める「究極の力」を身につける』（神崎朗子訳、ダイヤモンド社、2016年）で、際立って活躍する人とそうでない人を分けるのは何であるか書いている。

彼女が発見したのは、活躍にIQや才能は一切関係なく、重要なのは忍耐と情熱の特別な組み合わせだった。それが「やり抜く力」だというわけである。

さらに、やり抜く力をもっている人たちは誰もが「しなやかマインドセット」をもっており、それがなくてはやり抜くことはできないという。

やり抜く力とレジリエンスについて書かれた記事で、幸福のエキスパートであるタマラ・レチナーもダックワースの研究に触れ、次のような5つのヒントをあげている【1】。

【1】www.chopra.com/articles/resilience-and-grit-how-to-develop-a-growth-mindset.

①言葉選びに気をつける

人を褒めるときに使う言葉によって、しなやかあるいはこちこちマインドセットのどちらを育てるかに影響を与える場合がある。

たとえば、その人の特徴や強みを褒めると（「あなたはとても頭がいいわね」や「あなたは体が柔らかいわね」など）こちこちマインドセットを育ててしまうのだ。

ところが、努力や方法を褒めると（「その絵、ものすごく頑張って描いたのね」）しなやかマインドセットを育てることになる。

②前向きな人たちに囲まれる

当たり前に思うかもしれないが、あなたの周りにいる人たちがあなた自身の気分や考え方に大きな影響を与える。情熱と忍耐があれば何でも達成できると信じている「やればできる」人たちに囲まれると、彼らのしなやかマインドセットが当たり前となり、あなたにも影響するのである。

③柔軟に考える

考え方や行動を固定しすぎなければ、レジリエンスとやり抜く力を花開かせることができる。なぜなら、柔軟な人には問題は見えないからである。

彼らに見えるのは、成長し、学ぶ機会だけだ。あらゆる問題に対して創造的な考え方ができると、有能になれた気になり、自信がつく。そして、これらすべてがレジリエンスを育てる。

④目的に沿った目標を立てる

目的（つまり、何かをする理由）をもっている人は、もっていない人に比べて幸せだ。あなたにとって本当に大切なこと（家族と過ごす時間を増やす、創造的な趣味に使う時間を増やす、など）を反映する目標を立てると、より早く簡単に成功できる。

⑤一日の中に振り返りをする時間を設ける

振り返る時間を作ると、その日の成果と次に取り組むべき課題を認識できる。瞑想する、考えを書き出す、散歩に出るなど、人生を客観的に評価する時間を設けると、次に何をするべきかを考えられるようになるのだ。

その他のスキル同様、レジリエンスとやり抜く力にも練習と忍耐が必要だ。そして「しなやかマインドセット」をもっているということは、「自分にはできる！」と信じることである。つまり、練習を重ね、努力すれば人生のあらゆる分野で成果を得られるのだ。

「やり抜く力」の効果

やり抜く力の働きや意味、鍛え方については第9章で詳しく見ていく。それまでは、やり抜く力（あるいは、やり抜く人としたほうがよいだろうか）は、しなやかマインドセットと同じとは言わないまでも、よく似た特徴を数多く共有しているとだけ言っておこう。

レジリエンスと強さが深く関わり合っているように、やり抜く力としなやかマインドセットも密接に関連している。そのため、本当の強さの土台を築きたければ、やり抜く力としなやかマインドセットの2つを理解し、育てたほうがよい。

興味深いのが、やり抜く力を提唱したアンジェラ・ダックワースの研究目的がキャロル・ドウェックのそれに極めてよく似ていたという点だ。

つまり、なぜ同じくらいの才能、知能や素質を持っているにもかかわらず、他の人に比べ成功する人がいるのかについて知りたかったのである。

2004年の夏、ダックワースは研究の一環として「ビーストバラック」（有名な7週にわたる過酷なトレーニングで、一日17時間、休憩なしで訓練を行う）に取り組もうとしていた1200人の米陸軍士官候補生たちの調査に来ていた。何人かが脱落したので、脱落する候補生たちとトレーニングに耐えられる候補生たちがいる理由について彼女は調べた。

そして、次のように書いている。

「科学者たちは、もう50年以上この謎を解こうとしてきました。ところが、学校が志願者を審査する最良の選考基準――「志願者総合評価スコア」と呼ばれる、生徒のSAT（アメリカの高校生が受ける大学進学のための学力テスト）のスコア、高校のランキング、リーダーシップ能力や体力を組み合わせた加重評価のこと――をもってしても、ビーストバラックに耐えられる者と耐えられない者を予測できませんでした」

そこでダックワースは、志願者に点数をつける独自のやり方で、それぞれが長期目標達成のために粘り強く取り組む意欲を調べる調査を行い、この基準を「やり抜く力」と呼んだ。

すると、このやり方は大成功だった！　候補生たちの回答は、過酷な「ビーストバラック」を最後まで耐えられるかを予測するのに役立ったのである。

「やり抜く力とは、人生をマラソンのように生きることで、短距離走ではない」

アンジェラ・ダックワース（心理学者）

やり抜く力とレジリエンスには共通の要素が少なくないが、違うのはやり抜く力が「情熱」を必要とするところだろう。

レジリエンスとは、楽観的に考え挫折から立ち直ることであり、やり抜く力とは、長期にわたり課題や問題に取り組むための情熱と粘り強さをもつことだ。

これを踏まえた上で本当の強さを鍛える準備をするなら、どうすれば情熱を持って取り組めるか考えるとよいだろう。

あなたをやる気にさせるのは？　あなたは何に対して情熱を持っているか？　その情熱を逆

境を乗り越えるためだけでなく、ずっと持ち続けるにはどうすればよいだろう？

苦しみを意欲的に経験する準備をしよう

「つらい経験や感情を乗り越えて成長するには、守りの姿勢に入るのではなく、それらの感情をすすんで経験しようとする高い意欲が必要だ」

マイケル・シンクレア博士（心理コンサルタント）

身体の筋肉を鍛えるのと同様に、精神的な筋肉を鍛えるにも努力と粘り強さが必要だ。また、いくつかのスキルを身につけなければならないことも忘れてはいけない。そのためには意欲的でなければならないのである。

では、「意欲的」とは一体どういう意味なのか少し見てみよう。これからあなたが変えようと思っていることに対して、この意欲的という姿勢をどう説明すればよいのだろう？　そして、どうすれば自分が確実に意欲的だと分かるのだろう？

まず、不快感や複雑な感情と「意欲的」に向き合うのは、それらの感情を「我慢する」のとは違う。

マイケル・シンクレア博士は「意欲的」であることについてこう語る。

感情を我慢するのと「意欲的」になるのとでは大きく違います。意欲的とは、不快な感情をコントロールする、抑え込む、あるいは減らそうとすることの反対です。我慢しているとき、私たちはその感情が可能な限り早く過ぎるよう願っています。

意欲的に感情を経験する場合は、それらの感情に対して心から寛大になり、好奇心をも抱きます。そして次のように考えるのです。この感情を感じたい、この感情が一進一退し、浮き沈みするのを感じたい。なぜなら、すべての感情は時と共に移り変わるのだから……。

その結果、あなたはこれらの感情から逃げようとしたりあまり感じないようにしたりするのではなく、心穏やかに観察して行動をコントロールし、有意義な生き方ができるでしょう。また、自分に対して次のように言い聞かせることも大切です。

「この経験は、感情を意欲的に経験し、なすがままに身を任せたほうが長期的には悩みが減り、より多くのことを成し遂げられると私に伝えようとしているのだ。感情と闘う以外にも方法はあるのだ」

これは、流砂の中でもがくのと似ているかもしれません。私たちが生まれてから学んできたすべて、つまり、逃げたほうがよいとする思考が私たちをかえって深く砂に沈めてしまうのです。

ですから私たちは、直観に反しても、じっとしていれば違う出口を見つけるチャンスが生まれるのだと学ぶ必要があります。もがく必要はありません。何もしなくてよいのです。

これこそが意欲的に感情を経験する素晴らしさである。元の状態に戻ろうとしたり、感情を押しやろうとしたりするのではなく、感情と向き合おうとするべきだ。自分の感情と向き合えるようになるほど、長期的には悩みが減り、トラウマが早く過ぎるはずだ。

次の質問を自分にしてみよう。

①あなたは「やり抜く人」(つまり、物事に長期的に取り組む情熱と粘り強さをもっている人)と「レジリエンスが強い人」(つまり、困難から立ち直れる人)とでは、どちらに近いだろう?

②あなたが情熱をもっている対象は? あきらめずに取り組もうと思えるのは何?

TAKE THE TEST

テスト

あなたは不快な感情にどう向き合っている?

精神的な強さを育てる鍵の一つに「感情マネジメント」がある。人生の本質的部分である不快な気持ちにどう対処するかが私たちの気分や楽観主義、レジリエンスに影響する。

不快な感情を嫌うのは人間として至極当然である。なぜなら、脳は負の感情を危険と見なすからだ。そのため私たちは、心配、罪悪感、恥ずかしさ、心細さや怖さと「向き合う」より、感情を変えることに全力を傾けてしまうのである。

ところが、感情処理の仕方にはさまざまな方法があり、それぞれに得られる効果も違う。では、不快な感情に対するあなたの本能的なアプローチの仕方を特定し、なぜそれがあなたの役に立つか説明しよう。

問1
大事な仕事の会議で失敗してしまったと感じているとする。あなたの反応は

A　次はどこを変えればよいか考える。
B　面白おかしく友達に話す。
C　起きたことを頭から追い払い、次の課題に集中する。
D　落ち着くまで休憩し、大好きなコーヒーを飲む。

問2
あなたが気分を盛り上げたいときによく使う方法は

A　陽気な人と一緒に過ごす。
B　歩く、走る、ヨガをするなど体を動かす。
C　自分で自分を励ます。
D　落ち着くために瞑想する、あるいは少し休憩する。

問3
自分が感情に支配されたと感じるのは

A　普段興味を持っていることに対して迷いを感じるとき。
B　自己批判、または自己不信に陥るとき。

C　目的意識がなくなるとき。
D　イライラし、ユーモアのセンスがなくなるとき。

問4
経験上、自分が幸せだと感じるために必要なのは
A　体の声に耳を傾け、自分をいたわる。
B　人として成長し続ける。
C　自分自身や人生について真面目になり過ぎない。
D　想像力を育てる。

問5
これをしている限り自分は大丈夫だと思うことは
A　学び続ける。
B　笑い続ける。
C　動き続ける。
D　冷静でい続ける。

問6

自分がもっとも自分らしく感じるのは

A　他の人が幸せになる手伝いをしているとき。

B　時間を忘れるほど何かに熱中しているとき。

C　最高の自分になろうと思っているとき。

D　人として成長しているとき。

問7

他の人たちがあなたについて知ったら驚きそうなことは

A　正気でいるために運動しなければならないこと。

B　世界をよりよくしたいと思っていること。

C　時として自分を疑うこと。

D　人生全般が不安なこと。

問8

次のどの意見に一番同調する？

A　自分自身に優しくしていれば、何にでも対処できる。

B　どんな経験にも学びはある。

C　面白い側面を見つけられれば、大半は乗り越えられる。

D　気を紛らわせると物事を冷静に見られる。

問9

あなたの本能的直感が教えてくれるのは

A　何かがおかしいとき。

B　肩の力を抜いたほうがよいとき。

C　気分を上げたほうがよいとき。

D　自分の時間が必要なとき。

問10

あなたの幸せにとって一番大きい壁は

A　友達と過ごせる時間が少ない。

B　運動をする時間が取れない。

C　疲れ過ぎて自分のことをおろそかにする。

D　目的意識がなく、行き詰まったと感じる。

それでは、次の表を使ってそれぞれの答えの点数を合計し、あなたがどのように不快な感情に対処しているか調べよう。

	A	B	C	D
問1	2	4	6	8
問2	4	6	8	2
問3	6	8	2	4
問4	8	2	4	6
問5	2	4	6	8
問6	4	6	8	2
問7	6	8	2	4
問8	8	2	4	6
問9	2	4	6	8
問10	4	6	8	2

［点数合計20～35点］

あなたが不快な感情に対処するのに役立つのは、好奇心です。

自分の心の働きに興味があるため、不快な感情を無視するのではなく情報源として扱う。もしかすると、感情について興味を持ち、批評せず探求することをあなたに教えてくれるマインドフルネスにも興味があるかもしれない。

あなたが逆境から学べるのは「しなやかマインドセット」の土台のおかげである。しなやかマインドセットが本能的なものであれ学んだものであれ、それがレジリエンスと精神的強さの基礎となるはずだ。

［点数合計36～45点］

あなたが不快な感情に対処するのに役立つのは、ユーモアです。

ユーモアは、あなたが不快な感情とバランスを取り、人生がうまくいっていると感じられるのに一番よい手段である。また、グループの緊張感を解き、人々が話し始めるのにも役立つはずだ。

あなたは、人に落胆したり不愉快にさせられたりしたときに、ユーモアを使って言いたいことを伝えるのがうまい。いつもふざけていると言われるかもしれないが、彼らには分かっていないのだ。あなたが感情を左右されやすく、自己防衛のためにユーモアを必要としていることを。

［点数合計46～60点］

あなたが不快な感情に対処するのに役立つのは、気を紛らわせることです。

運動をする、仕事や趣味に没頭する、あるいはただ単に友達と会ってお喋りをするなど、あなたが不快な感情に対処するときに使う方法は、気を紛らわせることだ。

気を紛らわせることは、あなたが自分の感情に目を向け、その出どころを探るのに必要な距離を作ってくれるだろう。

［点数合計が61～80点］

あなたが不快な感情に対処するのに役立つのは、自分に対する思いやりです。

さまざまなことを苦労して成し遂げてきたかもしれないが、あなたもようやく自分が自分の親友になってあげなければならないと気づいたはずだ。

不快な感情が湧いたら「この感情を乗り越えるには、今どうすればよいのだろう？　どうすれば自分を支えられるだろう？」と自分に聞こう。また、あなたは判断を誤ったときにも、自分で自分を批判したり非難したりしないことだ。

2 WHAT'S STOPPING YOU FROM BOUNCING BACK?

第2部　あなたが立ち直るのを妨げているのは何?

第4章 立ち直る力の強さは人によって違うのか？

CHAPTER 4 ARE SOME PEOPLE MORE RESILIENT THAN OTHERS?

なぜ逆境でボロボロになってしまう人たちがいる一方で、より上手に対処し、乗り越えられる人たちがいるのだろう？

科学者たちは、このことについて何年にもわたって研究してきた。その中には、「蘭」の子供と「タンポポ」の子供の違いについての考察がある。

「蘭」と「タンポポ」というのはスカンジナビアで生まれた隠喩だ。

「タンポポ」の子供は厳しい環境でも健康を保ち、生き残れるが、雑草のように平均的あるいは平凡なままで終わる可能性が高い。

一方で、「蘭」の子供が健康に育つにはしっかりと守り、保護しなければならない。ただし、適切な条件のもと、きちんと世話をされた「蘭」の子供が花開くと、まれに見る才能を持つ存在になる。

２０１５年にデューク大学の科学者たちが画期的な発見をした。彼らは、環境に極めて敏感で、とくにストレスに弱い「蘭」の子供たちに関係する遺伝子変異を特定したのである。

その遺伝子マーカーは、コルチゾールが結合する受容体の活動に影響し、ストレス反応と直接関係するグルココルチコイド受容体遺伝子あるいはＮＲ３Ｃ１の一部であった。

また、別の研究では、ＮＲ３Ｃ１遺伝子変異を持つ子供たちは特別な支援サービスを受けられなければ、大人になったときに深刻な問題が生じやすいことが分かった。

何もしなければ、ＮＲ３Ｃ１遺伝子変異を持つハイリスクの「蘭」の子供たちの75パーセントが、25歳までに心理的な問題を抱えることになる。そして、その中には薬物乱用や攻撃性、反社会的人格障害が含まれていた。

ただし、よい調査結果もあり、この遺伝子変異を持つ子供たちが集中的な支援サービスを受けると、大人になってから問題が生じたのはわずか18パーセントだったのである。

これは希望に満ちた発見だ。絶望からはほど遠く、ストレスに特別敏感な子供たちは、サポートに対する反応も特別によく、適切な養育、愛情、共感や社会とのつながりを与えられれば、レジリエンスが非常に強い、社会のリーダーになれるのである。

さらに、アメリカ国立衛生研究所の国立看護研究所に勤めるヘザー・ラッシュは最近の研究で、逆境におけるレジリエンスに関連する2つの極めて重要な要素を明らかにした。そして喜ばしいことに、そのどちらも私たちにコントロールできるという。

その研究では、深刻な身体的暴行を受けた159人の女性を対象に、現在と過去の心的外傷後ストレス障害（PTSD）のレベルやその他の精神状態、さらにはレジリエンスに関するさまざまな値、社会的支援、性格や生活の質を測るアンケートを実施した。

すると、女性たちの79パーセントが暴行を受けた後、心的外傷後ストレス障害を発症していなかったというよい結果が得られたのである。また、もっとも悪い結果はうつ病で、女性たちの30パーセントが罹患していた。その後、研究者たちはアンケートの回答者を次の3つのカテゴリーに分類した。

1　これまでに一度も精神疾患と診断されたことがない人たち
2　過去に精神疾患と診断されたことはあるが、今は回復している人たち
3　現在、精神疾患と診断されている人たち

研究者たちによると、精神疾患から回復した人たちと一度も診断されなかった人たちは、共通する2つの資質を持っていたという。それが、「支配感」と「社会支援」である。

「支配感」とは、自分の生活環境は自分がコントロールし、影響を与えていると理解することだ。これは、プラスの結果を期待する楽観主義とは異なる。また、興味深いことに、楽観主義より支配感のほうが、トラウマにおけるレジリエンスの強さを予測するのによい判断材料になるという。

2つ目の要素である「社会支援」も極めて重要である。ただし、強調すべきは「支援」の部分だ。自分たちを支えてくれた強い社会的なつながりがあったと報告した回答者たちは、精神疾患を発症する可能性が低く、もし発症しても回復しやすいことが分かった。

反対に、友達や家族、同僚による、回答者たちの支えにならない、批判的な反応は、PTSDのリスクを高めたという。研究者たちは、このようなマイナスの影響は、オープンなコミュニケーションが妨げられ、認知的回避やトラウマ関連の記憶の抑制、社会的離脱、自己非難が増幅した結果だと考えている。

レジリエンスを育てる能力は誰にでもある

心理コンサルタントのマイケル・シンクレア博士によると、過去にトラウマに対して効果的ではない対処メカニズム（回避など）を使った場合、ゆくゆくはレジリエンスが低下するかもしれないという。

一方で、その経験から学べると、将来的にそれが大きな役に立つそうだ。

たとえば、あなたには親を亡くす、あるいはいじめられるなど、子供時代にトラウマに苦しんだ経験があったとする。そして、当時あなたがとったのが感情を押し殺すという対処法だったとする。

あなたがその方法は効果的ではないと学んだならば、将来役に立つであろう、より健全な対処方法を発見できる可能性がある。だから、トラウマにどう対処し何を学んだかによって、今後、あなたのレジリエンスがどのくらい強くなるかは決まるのである。

このことから、子供時代に虐待を受けた人が、使った対処法によってレジリエンスが素晴らしく強い大人に成長することもあり、極端に弱い大人になることもある原因が分かる。

同様に、これまで割と安定した人生だったからといって、少しでもトラウマの気配をかんじたらボロボロになるとは限らない。

もしかすると、あなたには遺伝的に状況をポジティブに見直すことができたり、創造的な考えができたりするかもしれない。そうだとすれば、実際に何かが起きたとしても、自然とうまく状況をコントロールできるはずだ。

また、レジリエンスが強い人はマイナスの感情や思考がなく、どんな状況においても楽観的でいられるのだろうという誤解がよくある。

そんなことはない。むしろ、レジリエンスが強い人とは、時間をかけて適切な対処方法を身につけ、マイナスの感情とプラスの感情のバランスを取れるようになった人たちだ。その結果、彼らはさまざまな状況に対して過剰反応しないのである。

ここで鍵を握っているのが「時間をかけて」という表現だ。人によって立ち直る力の強さは違うのかという質問に答えようとするとき、確かに、生まれつき本当の強さが備わっている、または本当の強さを身につけやすいよう育った人もいるかもしれない。しかし、それは決してまれな素質ではないし、どうすれば持てるかが分かれば誰にでも持てる素質であることを忘れてはならない。

遺伝的要因や過去の影響が精神的な強さに影響するという話はした。ところが、いくつか、不足していると苦労を強いられる素質がある。言い方を変えると、すべての強い人が持っている、強さが育つための完璧な土台となる素質が存在するのである。それが次の3つだ。

1 確固たる価値観
2 情熱
3 目的

3つとも第1部ですでに触れたが、一つずつもう少し深く掘り下げてみよう。

1 自分の価値観を特定し、定義する

マイケル・シンクレア博士は、価値観を「自由に選ばれた、現在進行中の行動の質」と定義した。つまり価値観とはゴールではなく、私たちが人生のあらゆる場面、または役割において生活する中で取る行動に取り入れたい質のことである。

私たちは、価値観に沿った目標を立て、それに向かって全力で取り組む。価値観は、私たち

になぜ、どのように行動するか教えてくれるのだ。

たとえば困難を乗り越えたい場合、目標は「この逆境を乗り越えたい」であるのに対し、価値観は「もっと自分に優しい方法で乗り越えたい」または「落ち着いた親として乗り越えたい」かもしれない。

つまり、すべての根底において「価値観」こそ重要なのである。時間と労力を割いて自分の価値観を見つけ、それに従って生きることで、より精神的に強くなることができ、自信を感じることができるだろう。

臨床心理学者のスーザン・デイビッドは『ＥＡ　ハーバード流こころのマネジメント――予測不能の人生を思い通りに生きる方法』（須川綾子訳、ダイヤモンド社、２０１８年）の著者だが、著書と同名のＴＥＤトークで次のように語った。

「私たちの人生や幸せにもっとも大きな影響を与えるのは、自分の価値観がしみ込んだ習慣なのです」

さらに、強い人であり続けたければ、自分たちの「達成しなければならない」目標より「達成したい」目標と結びついた価値観を持つことが大切であり、レジリエンスが強い人たちはそれを理解していると語った。

「達成したい」目標とは、自分が達成したい個人的な理由であり、「達成しなければならない」目標とは、他人の意見や社会からの期待に関係した目標だという。

デイビッドが上記のＴＥＤトークで挙げた困難の例を紹介したい。あなたは体重を落とそうとしているとする。ところが、冷蔵庫を開けると一切れの大きなチョコレートケーキが入っていた。

このとき、私たちがケーキを我慢できるかどうかは意志と一切関係ないという。意志だけでは、食べるのを我慢することはできないのだ。

ところが、もし「達成しなければならない」目標ではなく「達成したい」目標に沿った価値観に気持ちを傾けることができれば、自分を強く持ち、誘惑に負けずに済む可能性は高くなる。

このときの「達成しなければならない」目標として考えられるのはこうだ。

「このチョコレートケーキを食べるのを我慢して痩せなければ、来月の同窓会でみんなにバカにされちゃう」

一方、「達成したい」目標として考えられるのはこうだ。

「綺麗になって自信を持って同窓会に参加したいから、チョコレートケーキは我慢しよう」

私たちと誘惑の関係は、価値観によって変わるのである。「達成したい」目標に沿った価値観を特定するのは理に適っている。

次の質問を自分にしてみよう。

①現在起きている困難な状況において、自分の「達成したい」目標は何だろう？
②困難な状況に対する自分の反応によって、なりたい自分に近づけるだろうか？
③なりたい自分に近づくためには、他にどんな態度をとればよいだろう？

もし、あなたの直面している困難な状況を荒れた海に例えるとしたら、価値観は必死にしがみつくべき岩のようなものだ。あなたが高い波に揉みくちゃにされても流されないよう助けてくれる。

価値観は、あなたにとってもっとも重要なものであるべきだ。そしてその内容は、そのときにあなたが直面している困難に応じたものであってもよいし（たとえば、体重を減らしたい、など）もっとあなたの人生にとって重要なことや、生き方全般に関するものでもよい（たとえば、友達に優しくできる人でありたい、など）。

あなたにとっての両方の価値観を定義しよう。人生全般において価値があると思うことのリストと、今現在あなたの人生に起きていることに関連する、より具体的な価値があることのリストをつくるのだ。

一番忘れてはならないのが、もっとも強い人は、その人の人生で他に何が起きていようとも自分の価値観を貫き通せるということだ。できるだけ確固たる価値観を持とう。

価値観とは、基本的に私たちにとって何が重要かである。当然ながら、人それぞれに価値観は違う。たとえば、２人が同じ言葉を使って自分たちの価値観を表したとしても、それぞれにその言葉の解釈やそれをどう行動で示すかは違うのである。

自分の価値観を特定する６つのステップを紹介しよう。

1　最低45分間は立ち止まって考えることができる、外部から邪魔が一切入らない静かな場所を見つける。

2　友達に手紙を出す感覚で、これまでの人生でもっとも誇らしい3つの功績について書く。それらの功績があなた自身や他の人たちに与えた影響について詳しく説明する。そのとき、あなたはどんな気分がした？　どんなフィードバックをもらった？

3　では、成功を収めるのに役立った、あなたが主に取った態度について考えよう。正確には、あなたは何をしたのだろう？

4　それぞれの例について自分が書いたことを読み、共通している態度はすべて蛍光ペンでマークしよう。たとえば、誠実さ、優しさ、正直さ、信頼性、大胆さ、公正さなど。

5　では、あなたにとってもっとも重要だと思う価値観を選び、それらを強化するために日常的にできることを考えよう。

6　価値観に忠実であり続けられるよう、定期的に確認する。日々、下している決断が、自分が心から価値を置き大切にしているものを象徴しているか、自分に問いかけよう。

2　自分の情熱を見つける

第1部では、情熱についても少しだけ説明した。直面している問題が何であれ、それに対して情熱を持っていたほうがずっと簡単に強くなれるだろう。

たとえば、仕事で厳しいトレーニング・プログラムを修了する、あるいは小説を書き終えるなど。やり抜く力や強さを鍛えたければ、情熱的な人たちに囲まれるというのも一つの手だ。情熱は情熱を育ててくれる。

情熱は、やり抜く力とレジリエンスを区別する唯一の要素とも言えるだろう。やり抜く力とは、ただ立ち直るだけでなく、前へ進み続けることだ。そして、前へ進むモチベーションとなるのが情熱である。

自分の情熱が見つかると、エネルギーをどこへ向け、目標を何に向けて導けばよいかが分かる。情熱はあなたの熱意をかき立てる燃料となり、あなたが乗り出したトラウマから成功に続く旅の活力となる。

情熱について話すとき、それが激情や感情の爆発という意味ではないことを理解しておかなければならない。情熱とはむしろ、もっと長く強く燃え続けるものだ。つまり、対象に長いあいだ変わらずに注意と関心を向けることなのである。

では、あなたは何に情熱を持っているのだろうか？

多くの人にとって答えるのが難しい質問だろう。さまざまな目標をいくつも掲げている人たちもいるが、彼らにも自分の「情熱」が何かあまりよく分かっていなかったりする。そのような場合は、目標を小分けにする「目標階層」が役に立つはずだ。すると、それらに共通する目標が分かる。そしてその共通の目標こそが、あなたの本当の情熱である。

「目標階層」または「GBS（Goal Breakdown Structure の略）」はジョセフ・M・ジュランが著書『Quality Control Handbook（品質コントロールのハンドブック）』の中で提唱したものだ。そもそもビジネスの場においてプロジェクト管理に関して使われていた用語だったのが、コーチや心理学者たちが一個人に対して同様の使い方をし始めたのである。

目標階層は3つの階層からできていて、それぞれ下位目標、中位目標、上位目標と呼ぶ。

1　下位目標：より多くの仕事をこなせるように、毎日15分早く出社するなど、具体的で短期間の目標のことだ。この短期目標は次のレベルの目標の土台となる。

2　中位目標：下位目標を達成した次に取り組む目標のことだ。たとえば、下位目標が毎日早めに出社するだったら、中位目標は今後6週間、毎日のやることリストに課題を一つ多く追加するというのでもよいだろう。

3　上位目標：階層の一番上にくる目標は、抽象的で一般的で、あなたにとって「最大の関心事」である。上位目標は一つしかなく、その他すべての中位・下位目標に意味を与えるコンパスのような役割を持つ。たとえば、これまでの例の状況で言えば、あなたの上位目標は昇進かもしれない。

情熱とは、自分の「最大の関心事」に対して忠実でいるという意味である。また、やり抜くということは、できる限り長いあいだ自分の最終目標を持ち続けるという意味である。だから、「最大の関心事」は自分が心底やりたいことにしよう！　情熱は、あなたがたどり着きたい場所へ導くコンパスのようなものだ。困難な問題に直面したときでも、あなたが集中し、強くいられるようにしてくれるだろう。

次の質問を自分にしてみよう。

①自分にとって大切なものは？
②自分が一番助けてあげたいのは誰だろう？
③今していることに熱中できるのは、どんなときだろう？

④1億円をプレゼントされ、それを人のために使わなければならなかったとしたら、何に使う？

3 自分の目的とつながる

目的の重要性については、第3章のしなやかマインドセットを鍛えるという話で触れている。目的は、努力すれば物事を向上させられると信じるのに欠かせないのである。

では、目的とは何なのだろう？

簡単に言うと、何かをする理由だ。たとえば、「街に出る目的は銀行に行くためだ」とか、「母に電話をする目的は、次に会いに行くのにいつが都合よいか聞くためだ」などがそうだ。

ところが、本当の強さに関する「目的」となると、あなたにとって主要な、やる気を起こさせる目標という意味になる。つまり、「生きがい」と言ってもよい。

目的を持って生きるというのは、自分が生まれた理由のために何かしているような気になる。そして、偽りのない気持ちがし、生きていると実感できる。

誰かのために何かをしていて、時が経つのを忘れるほどの充足感を得たという経験はないだろうか？　それが目的を持って生きるということだ。

目的は人生の決断を導き、態度にも影響する。目的を持つことはレジリエンスを強化するのに役立つだけでなく、生きるために必要不可欠なのである。

また、目的は人それぞれであることを覚えておこう。仕事に目的を見出す人たちもいれば、友情や人間関係、なかには宗教的な道の中に目的を見つける人たちもいる。

人生のさまざまな時期に目的が変わる場合もある。なかでも、逆境や大きな変化が起きたときに見直されることが多い。

そして、それこそが困難のメリットだと言える。困難によって、私たちは自分の人生について、また、自分が望む通りに生きているかどうかについて再評価せざるを得なくなる。

つまり困難によって私たちは生き方を整理できるし、幸せな人生を築くことができるのである。

では、どうすれば自分の目的を見つけられるのだろう？

目的を見つけるには、長い時間と長期的なビジョンが必要な場合もあるかもしれないが、すぐにできることもある。そのうちのいくつかを紹介しよう。

●振り返る：一日の終わりに、その日について考え、覚えておく。その日、あなたを元気にした出来事、あるいは疲れさせた出来事は何だろう？　たとえば、特定の人に会うと気分が上がるけれど、ソーシャルメディアに時間を費やすと気分が落ち込むかもしれない。このように記憶しておけば、改善することもできるはずだ。

●感謝の気持ちを表す：寝る前に、その日に感謝したことを3つ書き出す。内容は、大きな出来事でなくてもよい。重要なのは、パターンに気づくことだ。たとえば、1カ月間であなたが感謝した「3つの嬉しかった出来事」が、家族との時間、あるいは仕事に関係していたとしよう。すると、それがあなたの目的ということになる。

●夢に注目する：意識がすでに認識している、あるいは、まだ認識していない問題に睡眠時に見る夢の中で取り組むことはよくある。正夢は滅多にないが、あなたの個人的な欲求や欲望、心配事に関する貴重な知識を得られる場合もある。たとえば、追われている夢をよく見るとする。追われる夢は、今まさに、目が覚めているときの実際の生活でも、あなたを不安にさせている何かから逃げようとしていて、それに対して注意喚起していると信じられている。

目的を持って生きている人たちに共通する特徴の一つに、自分の身に起きた出来事に意味を見出せるというものがある。目的を持って生きている人たちは意識的に状況を再評価し、感情をコントロールすることができるのだ。

また、目的意識は、感情や精神の安定によいだけでなく、身体の健康にとってもよいという。２００９年に７万３千人の日本人男性と女性を対象に行った調査の結果、強い目的意識を持つ人は、そうでない人に比べ長生きすることが分かった。

さらに、シカゴのラッシュ・アルツハイマー病センターに勤める神経心理学者、パトリシア・ボイル医師によって、目的意識が低い人は目的意識が強い人に比べ、アルツハイマー病に罹患する確率が２・４倍高いことも分かった。

つまり、これらの研究は、目的意識が高く、しっかりとした価値観を持ち、情熱を持って生きている人のほうが、より健康的でレジリエンスも強く、より幸せに、人生をコントロールできるということを意味しているのである。また、彼らはストレスや不安を感じづらく、うつ病の症状が起きる回数も少ないという。

自分の居場所があり、人とつながっていると感じられるためには、人生の目的、価値観や情熱が必要だ。目的を知ることで、どのような生き方をするか、また、他のこと以上に努力したいことを選ぶ手助けとなる。つまり、目的を持てると自分自身とつながることができ、自分自身とつながれたと感じると、より強くなれるというわけである。

テスト

TAKE THE TEST

あなたのレジリエンスは何に支えられている？

レジリエンスとは、困難な状況に立ち向かうためのやり抜く力のことであり、「立ち直る」ための要素でもある。普段は当たり前だと思われている資質だが、落胆させられたときにだけ気づくともいえる。ところが実は、日々私たちを安心させ、前進し続けられるよう静かに手助けしてくれているのだ。

何がその人のレジリエンスを支えるか、逆に弱らせるかは実にさまざまである。自分の幸せに集中するとレジリエンスが強くなったように感じられるかもしれないし、周りの人間関係に支えられているときや、目的意識があるときに感じられるかもしれない。あるいは、自信と結びついている人もいるだろう。

自分のレジリエンスを支えたり弱めたりするのは何かに気づけると、レジリエンスを守り、花開かせる鍵となる。

問1
もうすぐ重要な仕事の面接があるとする。前日の夜にあなたが優先するのは

A　その仕事が本当にやりたいか考える。
B　よく寝る。
C　想定される質問と応答を友人と一緒におさらいする。
D　その仕事において自分が果たせる役割を自分自身に言い聞かせる。

問2
あなたの理想的な休暇の過ごし方は

A　運動、よく食べる、くつろぐ。
B　大切な人たちとの時間を過ごす。
C　自分に課題を与える、または新しいことに挑戦する。
D　新しい文化を探求する、またはボランティアをする。

問3
明るく振る舞うのが難しいと感じるのは

A　家から離れているとき。
B　安全地帯から出ているとき。

C　退屈なことをしているとき。
D　疲れている、または体調が悪いとき。

問4
人生が順調なのは、次のように感じているときだ。
A　自分らしくいるのが楽なとき。
B　将来について楽観的なとき。
C　集中力が高く、エネルギーが溢れているとき。
D　地域社会の一員だと感じられるとき。

問5
気分がよくなるのは
A　何かを改善できたとき。
B　自分を肉体的に追い詰めたとき。
C　他の人を助けたとき。
D　よいフィードバックが得られたとき。

問6
抱え込み過ぎたと感じるのは
A　ちょくちょく体調を崩すとき。
B　社交的なイベントを欠席したくなるとき。
C　小さなことも心配になるとき。
D　何が何だか分からないとき。

問7
振り返ってみて、これまで困難な時期を乗り越えるためにしてきたことは
A　友達に頼る。
B　自分を信じる。
C　大局的に考える。
D　自分を大切にする。

問8
夜中に目が覚めて心配になるのは
A　自分の力不足。
B　あなたにとって大切な人たち。

C　自分の健康や体重。
D　過去の決断。

問9
あなたにとって一番よい投資は
A　カウンセリング、または心理セラピーのコース。
B　パーソナルトレーニング、または栄養士に相談する。
C　一連のライフ・コーチング（ストレスの減らし方などの指導）のセッション。
D　自信をつける、または自己啓発のワークショップ

問10
過去に逆境を乗り越えた経験から学んだのは
A　健康を大切にすることの価値。
B　よい人間関係の重要性。
C　自分を信じなければならないということ。
D　自分の価値観に従うということ。

それでは、次の表を使ってそれぞれの答えの点数を合計し、あなたのレジリエンスを支えるのは何なのかを調べよう。

	A	B	C	D
問1	2	4	6	8
問2	4	6	8	2
問3	6	8	2	4
問4	8	2	4	6
問5	2	4	6	8
問6	4	6	8	2
問7	6	8	2	4
問8	8	2	4	6
問9	2	4	6	8
問10	4	6	8	2

［点数合計20～35点］

あなたのレジリエンスは「目的意識」に支えられている

自分にとって重要なことを常に念頭に置き、価値観に沿った生き方ができているかどうかによって、挫折や問題にどのくらい対処できるかが決まる。

あなたは、自然と大局的に考えられるため、目的意識を失うと退屈だと感じ、レジリエンスも影響を受ける。あなたは、本音で生きられないと感じるや否や、レジリエンスが低下してしまう。そのため、熱中できる仕事をし、つながりのある人たちと充実した時間を過ごすことが鍵となる。

［点数合計36～45点］

あなたのレジリエンスは「身体の健康」に支えられている

あなたにとっての鍵は、心と体のつながりだ。身体的に強いと感じられるときは精神的にもレジリエンスが強く感じられるだろう。調子がよいと、将来の見通しに対して自然と楽観的になれ、大半の状況を前向きに見直すことができるだろう。ところが、疲れていたり自分を大切にしなかったりすると、気分も将来の展望も落ち込んでしまいがちだ。

日々、自分と向き合い、このように聞いてみよう。「今の気分はどう？　今日の気分が最高になるには、何が必要だろう？」

［点数合計46〜60点］

あなたのレジリエンスは「人間関係」に支えられている

多くの人がソーシャル・サポートによってレジリエンスを高められるが、あなたの場合は特に鍵となる要素と言える。

大切な人たちに支えられ、理解されていると感じることで、ほとんど何でもできそうな気分になるだろう。仕事では生まれながらの会社型人間で、人を指導したり支えたりすることがよくある。

あなたのレジリエンスは、支えられていないと感じると弱まるため、他の人に比べて、破局や職場での衝突を乗り越えるのに時間がかかるだろう。そういう場合は、くよくよ考えるより、自分が抱えている問題について話すほうが解決策を見つけやすくなる。

［点数合計61〜80点］

あなたのレジリエンスは「自信」に支えられている

自信がないとき、あなたは人生の荒波に揉まれているように感じるだろう。小さな問題が高いハードルに思え、ちょっとした意見の不一致が問題の大きな要因のように見えるのだ。

あなたは、これまでもずっと自尊心で悩んできたかもしれない。そして、自分自身に対する考え方を変える努力をしたにもかかわらず、まだそれが弱点のままなのだろう。

あなたのレジリエンスが弱まっている最初のサインとなるのは、自己批判や自分を疑うときだ。自分に優しくなろう。

第5章 変化に立ち向かう

CHAPTER 5 TACKLING CHANGE

もしかすると、今、あなたは人生の大きな変化を経験しているのではないだろうか。変化は、必ず起きるものの一つだ。それなのに、私たちの多くは乗り越えるのが難しいと感じている。

人生の大きな変化は、その反対側にある未知について私たちを不安な気持ちにさせる。そもそも変化には、「不確実性」や「安全地帯から踏み出す」という意味があり、私たちのレジリエンスの強さを試すのである。

その証拠に、もっとも早く簡単にレジリエンスの強さを測る方法は、変化を経験しているときの自分の反応や態度を観察することだ。生まれつき変化を嫌う人もいれば、楽しむ人もいる。おそらく前者のほうが多いだろう。

ただし、一つ確実なのは、変化は必ず起きるし、その変化に立ち向かうことこそ本当の強さのもっとも重要な部分であるということだ。そして嬉しいことに、変化に立ち向かうために学べるテクニックはたくさんある。本章ではそれらのテクニックについて説明していく。

人は変化を求めている

今起きている変化を苦しいと感じる場合、人間にとって変化は必要なのだと心に留めておくと少しは気が楽になるかもしれない。

確かに変化は扱いづらく、怖いと感じられるときもあるが、それがなければ私たちは成長し発達できないのである。変化は人が成功するために欠かせない。

フィクションの物語が面白いのは、登場人物がさまざまな変化を経験する様子が見えるからである。彼らは、困難によって変化を遂げる。主人公が地獄のような経験を乗り越えるのを読んだときの高揚した気持ちを思い出してほしい。あれは決して偶然などではなく、すべての物語のプロセスであり、私たちの成長の物語の基盤でもあるのだ。

アメリカの神話学者ジョセフ・キャンベルは「英雄の旅」という造語を作り、この変化と成長の道のりについて説明した。英雄の旅には5つの具体的なステップがある。私たちが人生で変化を経験するときも、これらのステップを辿っているのだ。

1　過去の状態：私たちが逆境を乗り越え成長する物語の出発地点となる。変化する前の私たちだ。

2　不安定になる出来事：私たちをドンと前へ突き出す何かから大きな人生の変化まである。たとえば、仕事をクビになる、または子供ができるなど（とくに計画していなかった場合）。

3　変化の試練：登場人物（あなた）が乗り越えて別人となるための大きな障害、または問題に直面するのがここだ。

4　統合過程：ここで私たちは変化や自分たちに起きた出来事を受け入れ、結果や環境の変化に対処する。変化が起きたからこそ、適応し成長しようとする。

5　現状：新しい人生と新しい私たちだ。変化後の姿である。

なぜ変化はこんなにもストレスになるのか？

「あまりにも大きい変化は不安を生んで当然だ。変化が起きている理由が分からなければなおさらだろう」

リギー・ウェッブ（行動コンサルタント）

変化がこれほどストレスになり、自分はレジリエンスが強いのだと感じられなくなる主な理由の一つは、変化があなたのコントロール感覚に対する認識を脅かすからである。

これは、私たちが望んだ変化（引っ越しや新しい恋人を見つけるなど）でも起きるが、突然のトラウマ的変化ではとくにそうだ。たとえば、大切な人が重い病気を患う、など。このような変化を突き付けられると、落ち着いて理性的に考えるのはものすごく難しくなる。なぜなら、すべてが非現実的で、自分にはコントロールできないもののように見えるからだ。

しかし、コントロールを失ってしまったという感覚は完全に普通だ。結局のところ、私たちは習慣の生き物である。それが仕事であれ、人間関係や家であれ、一般的には馴染みがあるほうが安全だと感じるのだ。

言い方を変えれば、物事が変わると、私たちは安全ではなくなり、ストレスが増え、怖くなってしまうのである。それでは本当の強さの正反対だ。

１９６０年代に、スイス系アメリカ人の精神科医のエリザベス・キューブラー＝ロスが「死の受容のプロセス」を提唱した。彼女はその中で、すべての終末期患者が自分はもうすぐ死ぬと知り、5つの悲しみのステージを経験すると述べている。
さらに、このプロセスは人生を変える変化を経験しているすべての人にも当てはまるという。確かにそうかもしれない。考えてみれば、変化は喪失だ。愛する人を失うかわりに物事の元の状態を失うので、調子が狂ったとしても当然である。

では、死の受容のプロセスを見てみよう。人生に変化が起きているときの感情の観点から、次のステージの中に心当たりがあるものはないだろうか？

1　否認：このステージでは、起きている変化が衝撃的過ぎて、実際に起きている出来事を信じることも受け入れることもしたくない。その出来事について誰にも話したくない場合もあるだろう。
2　怒り：ストレスから暴言を吐くかもしれない。変化の内容によっては、怒った口調で次のような疑問を自分にぶつけるだろう。「どうして自分が？」「一体、自分が何をしたっていうんだ？」
3　取引：このステージでは、他の人たちに、あるいは自分自身に向かって、漠然とした変化自体について疑問を投げかけるようになる。「今していることは正しいのだろうか？」「もし～していたら、こんな目に遭わずに済んでいたのではないだろうか？」

4　抑うつ：変わっていく物事に対して悲しみを抱く。何しろ、元の状態（あなたにとって心地がよかった状態）に別れを告げているのである。しかも、変わった後がどうなるかまったく分からないのだ。

5　受容：悲しみの最後のステージである。幸せを感じるということではない（幸せだと感じる可能性もあるが）。どちらかと言うと、気持ちが落ち着くステージだといえる。起きた変化と和解し、変化が起きたおかげで自分は人として成長できたのだと感じられる。このステージでは、どれほどストレスが多かったとしても、状況の変化のポジティブな面やメリットを見つけられるようになることが多い。

人生に変化が起きた誰もが、すべてのステージを経験するわけではない。また、一つのステージ（たとえば、否認）から抜け出せなくなる場合もある。

とはいえ、キューブラー＝ロスの死の受容のプロセスを理解すると、変化のプロセスへの取り組み方がよく分かるようになるだろう。そして、それぞれのステージにおける自分の態度に気づけるようになると、より早く受容のステージに辿り着き、変化がもたらす結果を受け入れ、楽しめるようになる。

「レジリエンスが強い人たちは、物事は変化すると理解している。彼らは、変化を人生の一部として受け入れ、他の人より少し早く『受容』に辿り着く」

リギー・ウェッブ（行動コンサルタント）

次の質問を自分にしてみよう。

①今起きている変化でストレスに感じるのは、具体的にはどういうところだろう？　ストレスに感じている部分やそれに対する感情を特定しよう。たとえば、もっともストレスに感じるのは不確実性だろうか？　そのことについて、あなたはどんな気分だろう？

②今の状況であなたがコントロールできることはあるだろうか？

③今、自分は死の受容のプロセスのステージのどれかに当てはまっていないだろうか？　どこかのステージから抜け出せなくなってしまってはいないだろうか？

苦しいのは変化ではなく転機だ

あなたを疲弊させるのは変化ではなく転機であるといってもよい。この場合の転機とは、人が新しい状況に折り合いをつけられるようになるために経験する心理的プロセスである。このプロセスには、主に2つの要素が含まれている。

1　変化を受け入れる（死の受容のプロセスの最後のステージを参照）。
2　意識的に、自分の人生をポジティブなほうに向ける方法を知る。

その方法について、もう少し詳しく説明しよう。

逆境や変化における対処方法が人それぞれ違うのと同じように、その逆境や変化の見え方も人それぞれである。

人生ですべての人にとってトラウマだと思えるものがある。たとえば、不治の病だと診断されることなどがそうだ。ところが実際には、終末期の病気を「トラウマ的」とは捉えない人たちが存在するのである。そんな人たちから教えてもらえるのは何だろう？　どうして彼らはそれほどまでに強いのだろうか？

シアン・ウィリアムズの著書『RISE: Surviving and Thriving After Trauma（立ち上がれ――トラウマから生き残り、成長する）』には、ステージ４の難治性癌を患う義理の兄弟マーティンが自分の状況を「トラウマ的」と捉えていないという話が出てくる。

もちろん、マーティンは化学療法も、病気が生活を制限していることも憎んでいる。さらに、末期の癌と診断された結果として人生を修正せざるを得なくなったことも分かってはいるが、それでもトラウマ的だとは感じていないのだ。

一体、マーティンはどんなことをしているのだろう？　彼の考え方のどういう部分が、人生に起きた極めて大きい変化をトラウマ的と捉えずに済むようにしてくれているのだろう？

- 振り返りをしている。自分の健康状態について妻や家族と話し合い、病気をなかったことにしていない。
- 代替療法について調べ、受け入れている。
- 否認するのではなく、行動的で積極的に動いている。また、コントロールできることはコントロールしている。たとえば、砂糖は有害だと思うので摂らないようにする、化学療法によって生活が制限されていると感じたときは治療をストップするなどもしている。

マーティンは癌をコントロールできないので、病気を充実した人生の一部にする方法について積極的に考え、自分の状態についても振り返っている。さらに、柔軟性と適応性を持ち続けると同時にコントロールできることはコントロールしている。

ウィリアムズは次のように書いている。

「マーティンはループにはまっていないのに、なぜ私は抜け出せないの？　彼は、『この病気が治らないのなら、どうすれば人生をもっと楽しくできるだろう？』と考えているのだ。私たちも同じようにできれば、レジリエンスを鍛えられるはずだ」

「不確実性」に立ち向かう

人生の大きな変化を経験しているときは、不確実性への恐怖が不安の最大の原因である可能性が高い。私たちは、人間として毎日不確実性に対処しなくてはならない。人生は想定外の出来事や驚きで満ちているが、それでも何とかやっていかなければならない。そうしてこそ成長し、人生を前へ進めるのである。

先に待ち構えている何かに対してある程度の恐怖を感じるのは正常なことだ。でも、もしそれで身動きが取れなくなり、生きたいように生きられなくなるようであれば、少し考えたほうがよいだろう。


研究者のミシェル・デュガスとロバート・ラドスゥールは、心配の基本的な特徴は不確実性に耐えられないことだと気づいた。心配性の人たちの中には、うまくいくかどうか分からないより、たとえ悪い結果だったとしても知るほうがいいと言う人たちさえいるという。

私たちは未来に何が待っているかは絶対に分からない。心配するのはエネルギーの多大なる無駄遣いであり、ストレスを長引かせるだけであることは明らかだ。では、どう対処すればよいのか？

ポイントは、不確実性の恐怖を経験しているときの不快感を受け入れることだ。苦しむ人は、何でも起きる前に結果を予測しようとする。そこで、自分の本能や判断を信じようとしてみてほしい。

もし、どうしても間違っているような気がする場合は、きっとそうなのだろう。不確実性への恐怖は、脳が私たちを悪いもの（たとえば、悪い関係など）から守ろうとしている結果でもあるのだ。

逆に言うと、あまりにも多くの恐怖があると、うまくいかないのではと心配するせいで、チャンスをつかめなくなってしまうのである。そこで、自分の恐怖に興味を持とう。

一体、どういう恐怖なのだろう？　ただの仮説に過ぎないことを心配していないだろうか？

このような恐怖は期限を設けるとコントロールできる。たとえば、新しい恋愛を始めるときに不安なら、自分に次のように言うのだ。

「30日間はこの関係を確かなものとして扱うけれど、結果については気にしない。そして30日後に、自分が心配していたことが実際に起きたかどうか、自分の気持ちを再評価する」


次の質問を自分にしてみよう。

①自分の状況がもたらす結果が不確実なことを恐れていないか？
②恐怖とその他をどのように区切れば少しは楽になるだろう？　期限を設けられないだろうか？　たとえば、「この悩みは1週間保留にして、それから再評価しよう」など。

変化に直面しても本当の強さを保つ

私たちは皆、レジリエンスが強い生き物である。では、最悪の変化が起きてもそのレジリエンスを発揮できるようにするにはどうすればよいのだろう？

1　自分を認識する：本当の強さを鍛えることに関してすべてがそうであるように、自分について知ることが最初の一歩となる。

あなたしかこの変化を経験できないのだから、自分が変化にどう反応しやすいか知っておくのは必要不可欠だ。変化やストレスに対する自分の思考が分かると、効果のない思考に対して挑戦できる。

思考が悪循環に陥らないよう、思考を自分自身から切り離せるようになる。ただ「今、私の思考は……」と言うだけでも自分の思考と起きていることを切り離す手助けとなり、不安も減るだろう。

2　助けを求める：「苦労も分かち合えば半分になる」という古いことわざにはよいところ

がたくさんある。同じ経験がある、または同じ経験をしている人に助けを求めると、大きな励みと支えになる。

レジリエンスが強い人たちは、その価値が分かっているため、信頼できる友達や家族に支えてもらっている。自分は愛され、大切にされていると知っているだけで困難な時期を乗り越えるのに大きな助けとなる。また、他の人たちがどのように同じような問題に対処したか聞くことで、自分も同じように乗り越えるためのアイデアをもらえるのである。

3　**振り返る**：自身の癌の診断について振り返りを行ったマーティンのケースと同じく、自分の窮状について考える時間を作るのが、変化に健全に立ち向かうための第一歩となる。

第1部で見たように、私たちは振り返りモードに入ると前頭前野（合理的に考える手助けをしてくれる脳の部位）を活発にし、後悔するような言動を誘発する部位の活動を自動的に抑えることができるのだ。

4　**柔軟になる**：柔軟な人たちは不確実な物事に対しても順応し、自分たちの将来に対する恐怖を特定し、区切ることができる。

彼らは起きないかもしれないことを心配するのはエネルギーのよい使い方ではないと気

づいているので、生活を続けるためには恐怖を箱にしまっておけるのである。

また、恐怖を事実としてではなく、ありのまま（恐怖という考え）に見ることもできる。

柔軟に考えるためのもう一つの条件として、他の人たちが提案してくれる方法に対してオープンになるということも挙げられる。

物事を別の視点で見てみよう

いつもあなたとは違うアプローチの仕方をしている人を見つけて、変化への対策としてもっとも難しいと感じる点について意見を聞かせてもらおう。そのときは、途中で遮ったり、批判したりしないようにする。


第1部でも少し触れたが、『RISE: Surviving and Thriving After Trauma（立ち上がれ――トラウマから生き残り、成長する）』で著者のシアン・ウィリアムズは、逆境サバイバーを20年以上にわたり研究し続けるスティーヴン・ジョセフ教授から聞いたという話を紹介している。アメリカの心理学者カール・ロジャーズの少年時代の話だ。

シカゴ郊外の大農場に暮らしていたロジャーズ少年は、家族がジャガイモを保管していた地下貯蔵室によく下りて行っていた。貯蔵室の天井には小さな隙間が空いており、ジャガイモの芽はいつもそこに向かい、光を求めて伸びていっていたという。

ジョセフ教授は、この話を人間の「自己実現傾向」になぞらえた。私たち人間も、どんなに困難な状況でも成長する方法を模索する。

ところが、ジャガイモと同じように、成長しようとする私たちもやはり、見た目も気持ちも不健全かもしれない。一般的に、変化は苦しみを意味し、苦しんでいる姿は醜い。

ところが、トラウマを経験している人たちと同じ時間を過ごすうちに、苦しんでいるように見えるからといって中身が成長していないわけではないということをジョセフ教授は学んだのだった。彼は次のように述べている。

「暗闇で伸びようとする新芽を見ると、ジャガイモはとても苦しんでいるように見える……。同じように、成長しようとする人を見ると、あまり魅力的でポジティブには見えない。むしろ、かなり醜く映るかもしれない。それでも、その人は成長しようと頑張っているのである」

変化をコントロールするための10の心がけ

リギー・ウェッブは変化をコントロールするための心がけを10項目挙げている。

1　何かが変わるからといって、すべてが変わってしまうわけではない。自分の人生における安定の印として、できるだけ多くの慣れ親しんだものを自分の周りに置くようにしよう。

2　いつもの習慣を崩さないようにし、いつも会う人たちに会おう。

3　反発するのではなく、前向きに反応しよう。つまり、変化に対抗するのではなく、向き合うのである。変化に対する反応として「ディフェンス」ではなく「オフェンス」につく、というように考えてみよう。

4　これまでに直面したことがある、同じような変化における過去の経験から、リスクを計算し、教訓を得よう。

5　最悪の場合に備えて計画を立てよう。

6　どの程度ならコントロールできるか自分自身に聞き、それを実行しよう。

7　ポジティブな面を祝おう。この経験から得た教訓は何だろう?

8　自分の反応や選択に責任を持とう。ネガティブな考え方や悲観主義への対抗手段は、状況に対する責任を受け入れられるようになることである。責任を持つという行為自体がマイナスの感情をすべて消し去り、自尊心とプライドの基礎を築く。

9　未来に希望を持とう。

10　あなたは人として成長するが、根本的には変わらないと覚えておこう。

テスト

TAKE THE TEST

「不確実性」に対するあなたの反応は？

私たち人間は、変化を求めてもいるが、それと同じくらい恐れてもいる。どんなにあなたの論理的思考が変化の必要性を受け入れ、成長するチャンスを歓迎しようとも、脳の原始的・感情的な部分が不確実な物事を危険と解釈してしまう。

私たちは人生のあらゆる面で不確実性に直面する。自分が他人にどう思われているか、また、自分が世間や職場でどう見られているかが分からないといったことから、特定の結果（試験や健康診断の結果など）に対する不確実性まである。

人生の不確実性を消し去るのが解決策ではない。なぜなら、そうしようと努力することで、結局はより多くの困難を生み出してしまうからだ。ところが、不確実性に対する耐性ができるとレジリエンスが高まり、幸福度にも波及効果がある。

その第一歩は、変化に対する現時点での自分のアプローチ法の特定だ。そうすれば、その方法があなたの不確実性の対処能力を高めているか、あるいは逆に弱めているか分かる。

問1
仲のよい友達があなたをパーティーに招待してくれたが、あなたはホスト以外に誰も知らない。あなたの反応は

A　不安に感じ、欠席の言い訳を考える。
B　一緒に出席してくれそうな人を考える。
C　1時間だけ出席できないかと考える。
D　行きたくないが、友達をがっかりさせることに罪の意識を感じる。

問2
重要な会議に向かう途中、渋滞につかまってしまった。あなたの反応は

A　不満をぶちまけるため親友か恋人に電話をかける。
B　いつもより早く出発したので、まあまあ落ち着いている。
C　早く出発しなかった自分を責める。
D　不安とストレスを感じる。

問3
職場の新しい上司の人柄がわからず、近づきがたい。あなたの心の中の声は

A 「絶対に顔は上げず、忙しくみえるようにして静かにしていよう」
B 「失敗しちゃだめ。よい印象を与えないと」
C 「クビになる運命だろうから、新しい仕事を探し始めなければ」
D 「他の人たちはどう思っているんだろう?」

問4
恋人と付き合い始めの頃、あなたの気持ちは

A 絶対にうまくいかせたい。
B やや不安。でも幸せ。
C 純粋で、あらゆる感情に敏感。
D 慎重で自己防衛的。

問5
親しい間柄で問題が起きると

A ストレスと心配を感じる。

B　攻撃されたと感じる。また、孤独でもある。
C　心の距離を置く。
D　間違ったことをしてしまったような気持ちになる。

問6
あなたが不確実性を感じていると分かる最初のサインは
A　一人でいたくない。
B　優柔不断になり、決断するのを避ける。
C　自分自身に疑問を持ち、自己批判的になる。
D　ストレスレベルが上がる。

問7
変化に立ち向かうのが簡単なのは、自分が
A　選択肢について調べる時間があるとき。
B　自信があるとき。
C　落ち着いてリラックスして感じるとき。
D　十分なサポートが得られるとき。

問8
あなたが尊敬する人が多く持っているのは
A 自信
B 勇気
C レジリエンス
D 心の平静

問9
一つ変えられるとするなら
A 起こるかもしれないことに対してのストレスを減らしたい。
B 他人の機嫌に左右されないようになりたい。
C 勇敢になり、提示されたチャンスに対して「イエス」と言えるようになりたい。
D 自信を持って、自分の能力を信じられるようになりたい。

問10
大事な締め切りがあるのに、集中できない。あなたの頭の中にあるのは
A 「どうしていつも自分にばかりこんなことが起きるんだろう?」
B 「もっと早く始めていればよかった」

C「自分はバカだ」
D「このストレスに耐えられない」

それでは、次の表を使ってそれぞれの答えの点数を合計し、あなたの不確実性に対する反応を調べよう。

	A	B	C	D
問1	2	4	6	8
問2	4	6	8	2
問3	6	8	2	4
問4	8	2	4	6
問5	2	4	6	8
問6	4	6	8	2
問7	6	8	2	4
問8	8	2	4	6
問9	2	4	6	8
問10	4	6	8	2

［点数合計20〜35点］

不確実性はあなたを不安にさせる

独創的な考え方をするあなたは、豊かな想像力を持っている。ところが、悪いほうに転がりそうなものすべてをはっきりと思い浮かべてしまうというマイナス面がある。

また、くよくよと考えることで、想像上の最悪の筋書きを現実だと思い込んでしまう。そして、連鎖反応的にストレスと不安レベルも上がる。

マインドフルネスが想像を抑制するのに役立つだろう。不安レベルが上がっていると感じたら、呼吸を心のアンカーとして活用するか、聞こえる音や匂い、見えるものを意識し、「今」に集中するとよい。

［点数合計36〜45点］

不確実性はあなたを弱らせる

結果が分からない、あるいは、どうなるか分からないと自信が蝕まれ、普段は自己充足できるにもかかわらず、他人に安心感を求めるようになってしまう。

また、自分がきちんとできているか人に認めてもらいたいため、いつもより批判に対して敏感になる。

不確実な時期は、あなたをサポートしてくれる人たちとの時間が極めて重要だ。それから、不確実性を経験することで自分は困難な時期を乗り越え、その経験から学び、最終的には強くなれるのだと自分に言い聞かせよう。

［点数合計46～60点］

不確実性はあなたを注意深くする

不確実性によって注意深くなるのは当然である。進化を続けた私たちの祖先が生き残れたのはこのおかげだ。

ところが、注意深くなり過ぎてしまうと、人生にブレーキをかけてしまう。注意深い立場で物事を行おうとすると（間違ったらいけないので）決断しづらくなり、優柔不断になってしまうだろう。

また、状況を細かく管理してコントロールしようとするか、ものの見方や意見が白か黒かの両極端になってしまうかもしれない。

知識を身につけ、思い浮かんでしまう危険を事実や意見に換え、情報に基づいた見地から行動するとよいだろう。

［点数合計61～80点］

不確実性はあなたを自分に批判的にする

あなたには完璧主義の傾向があり、自分に厳しくすればば成功できるとひそかに思い込んでいるのではないだろうか。

ところが、不確実性に立ち向かうときに本当にあなたに必要なのは、自己批判ではなく自分に対する思いやりなのである。

自分を励まし、自分自身のコーチとなってみて、それがあなたの感じ方にどのような違いを生むか確かめてみるとよいだろう。

第6章

CHAPTER 6 STRENGTH ROBBERS

あなたから強さを奪うものは何だろう？

強さを保つのも逆境の後に成長するのも、至難の業であるのは間違いない。そしてどちらも目的地というより、旅の過程なのだ。どんな旅もそうであるように、きちんと準備をし、知識を身につけることで少しはスムーズな道のりになるはずだ。

できることは山ほどある。たとえば、落とし穴の場所を知り、先手を打って回避するのは素晴らしい方法だ！

実際に、有利なスタートを切るために気をつけたいマインドセットや悪い癖がある。本章では、それらについて説明したい。

強さを奪うもの1　完璧主義

完璧主義の問題点は、完璧などあり得ないということだ。完璧を目指すのはエネルギーの無駄遣いになるだけでなく、あなたを強くするどころか弱らせてしまう。

また、存在しないものを手に入れられるはずはないので、いつも失敗している気にさせられるだけでなく、何も始めていないような気にもなる。

完璧主義にはさまざまな形がある。たとえば、ものすごく恋人が欲しいけれど、相手は完璧でなければ駄目だと思っていたとしよう。妥協もできないため、誰かと出会うことすら極めて難しい。

素晴らしいパートナーと2人の子供たち（男の子と女の子を1人ずつ）、大きい家、最高の休暇といった「完璧」な人生を常に思い描いているとする。ところが、人生は意外な出来事をもたらす。怪我をしてキャリアについて考え直さなければならなくなったり、パートナーがうつ病になったりするのだ。きっと、完璧主義者は苦しむはずだ。この完璧ではない人生をどう進んで行けばよいのだろう？　と。

完璧を求めるせいで無気力状態に陥ってしまう場合がある。成長と前進が重要となる本当の強さの真逆だ。

完璧主義者は生産的な性格に見えて、実は完璧を追求しているときに自分の潜在能力を十分に発揮できない場合がある。なぜなら、自分の力が足りない可能性を考えると挑戦するのが怖いからだ。

第1部で、失敗はレジリエンスを鍛えるのに欠かせないと知った私たちなら、何が問題か分かるだろう！

「やり抜く力がある人は完璧を目指さず、できるだけ優れたものにするよう努力する……。完璧とは、誰かが理想と認識するもののことであり、それを追求するのは幻覚を追うのと同じである」

アンジェラ・ダックワース（心理学者）

強さを奪うもの2　悲観主義

「この状況の何をコントロールできるだろう？　自分の反応ならコントロールできるはずだ」

リギー・ウェッブ（行動コンサルタント）

悲観主義者とは、すべての物事を大惨事に発展するものと見なす人たちを指す。常に「最悪のシナリオ」を想定するタイプの人だ。

たとえば、「飛行機に乗り遅れると思う。そして、もし本当に乗り遅れたら、絶対に代わりの便にも乗れないだろう！」などと考える。

悲観主義者は絶対的なものが大好きで、彼らの独り言は「絶対に〜ない」や「いつも」などの言葉で溢れている場合が多い。

たとえば、「いつも電車に乗り遅れる」「絶対に出会いなんてない」「いつもみんなにがっかりさせられる」など。

逆境を乗り越えるのに問題となるのは、人生は白か黒かではないという点である。人生はグレー（可能性や代わりとなるもの）で溢れているからだ。

レジリエンスが強い人たちは、自分の心配を乗り越え、人生が白黒ではないという事実を見ることができる。

ちょっとした出来事を大惨事かのように扱う独り言のもう一つの問題は、自分の大袈裟な思考を本気で信じ始めてしまう点だ。他の人にとっては小さな出来事が、悲観主義者にとっては大惨事なのだ！

なぜなら、彼らは自分自身に「これは、かつて誰にも起きていない最悪の出来事だ」と言い聞かせるうちに本当にそう感じ始めるからである。

さらに何でもかんでも大惨事にするのは責任逃れの一種でもあるため、立ち直る能力を制限してしまう。

自分で作った台風の目の中に入れば、台風にも、それに伴う責任にも向き合わなくてすむ。そのようなときに落ち着いて戦略的になどなれるわけがない。

「いつも電車に乗り遅れる。不公平だ」と言うとき、私たちが本当に言いたいのは「自分にイライラする。もっと時間に余裕をもてたらよいのに」だ。

興味深いのは、いずれその状況の責任を取るときがやってくると、むしろ気分はマシになっているという点だろう。なぜなら、私たちはもう抵抗するのではなく、受け入れられるようになっているからだ。状況を受け入れることでのみ、私たちは抜け出す方法を見つけられるのである。

強さを奪うもの3　くよくよ考える

くよくよ考えるのは、基本的には問題を解決しようとしているからだと第2章で学んだ。「状況がよくならなかったらどうやって対処しよう?」と未来を心配するか、「なんでこうなっちゃったんだろう?　どうして私はこんなにバカなんだろう?」と過去を後悔するのである。

私たちは問題について考えることは生産的だと勘違いしているのだ。ところが、実際には堂々巡りにしかならないかもしれない。心理的には何も解決していないため、レジリエンスと自信が低下し、さらに行き詰って、自分が無力に感じられるようになってしまう。

逆境を乗り越えるために変えられるのは現在だけだ。だから、マインドフルネスを実践し、注意や焦点を現在に向け、絶えず変わり続ける考えや気持ちに対する視点を形作るための静かなスペースを作ることが大切だ。

そうすれば、自分の考えや気持ちに振り回されるのではなく、状況をじっくりと観察し、落ち着いて自分の気持ちを感じられるようになるだろう。また、そうすることで、それぞれの思考と本当に向き合うべきかどうかについて素晴らしい選択ができる。

さらに、マインドフルネスの実践中は、危険だと感じるものに直面するとストレス反応を発動する扁桃体という脳の部位の活動が低下する。

扁桃体が活発になると、私たちは「することモード」に入り、ストレスになっている状況に対して行動を起こそうとする結果、心配事が増え、思考にはまってしまう。「することモード」では、理性的に考えられなくなり、反射的な決断をしてしまいがちだ。

一方で、マインドフルネスは私たちを「あることモード」にしてくれる――このモードでは、状況に対する反応について賢い選択ができるよう、また、状況を改善できるよう、私たちが明確に考えたり機能したりできるのである。

シンクレア博士はマインドフルネスについてこう語る。

マインドフルネスの実践とは、あなたの注意を過去や未来に関する思考からそらし、現在に戻すことだ。頭の中から思考を取り払ったり、考えなくて済むよう邪魔をしたり、つらい感情を抑え込むのとは違う。そうではなく、その時々に、生じる思考や感情を含む、今現在起きている出来事に気づくことである。

その瞬間にしている感覚的経験を認識しよう。どんな匂いがする？　聞こえる？　感じる？　背中が椅子の背に触れている感覚や足の下の床の感覚……。意識的に今この場所における身体感覚に敏感になることで、自分を現在に連れ戻せる。

では、指と指を合わせてみよう。それぞれの指先でお互いに押し合ってから離す――これを数回繰り返し、手の感覚の変化を感じよう。あるいは、両足を何回か床に押しつけてもよい。

要するに、今、ここで起きている出来事に注意を向け、あらゆる思考や感情を自然のままに行ったり来たり、上がったり下がったりさせるのである。もし、心がまた思考の中に迷い込んでしまったとしても、それが人間の心にとって自然なのであり、まったく問題ない。もし、そうやって心が別のところに気を取られてしまったことに気づけたとしたら、それは素晴らしい！　それが、マインドフルネスの実践というものだ。現在に注意を向けることで、あなたはまた悪い癖から遠ざかれたのである。では、ゆっくりと注意を感覚的経験に戻そう。

今している感覚的経験を認識するもう一つの方法は、呼吸を意識することである。息を吸うときと吐くときで温度の違いを感じ取ろう。鼻の穴の中の感覚や呼吸のリズム、息を吸い込むときに膨らみ、吐くときにへこむ胸やお腹の動き……。今に留まり、これらのことを5分かそこら感じよう。

現在に対する認識を強め、空に雲が流れるように思考や気持ちが過ぎていくのに任せていると、だんだんと気持ちが落ち着いてきて、つらい考えや感情が存在する中でも内面の強さと静けさを感じられるだろう。

これらのテクニックは心配したり、くよくよ考えたりするのを完全になくすためのものではない。ここで唯一の課題となるのは、思考に巻き込まれて身動きが取れなくなってしまうのではなく、現在に留まることだ。つまり、その時々の思考の働きに注意を払うのである。

もし、思考にはまる状態に逆戻りしてしまったりしてもパニックになる必要はない。その場合は（それが自然だし、人間の心というものだ）、気を取られたことに気づき、気づけた自分を褒め（それがマインドフルネスだから）、それから感覚的体験に意識を向け、自分を今、ここに引き戻すことで少しずつ注意を現在に戻せばよい。

強さを奪うもの4　被害者意識

悪いことが起きると、「かわいそうな自分」の罠にはまるのはとても簡単だ。このような被害者意識にはさまざまな形がある。

- 人に文句を言いまくる。
- やせ我慢する（「ううん、大丈夫。自分で対処できるから心配しないで！」）
- 自分の問題は他の誰が抱えている問題より深刻だと誇張する。

困難な時期には、自分に同情するのが普通だ。ポイントは、あまり長いあいだその状態でい続けないことだろう。「かわいそうな自分」でいればいるほど、あなたは何もしなくなる。

「被害者意識を持つ人たちは、悪循環に陥ってしまう。彼らは、どうにもならないからと自分たちの状況に対して何をしても無駄だと思い込んでいる——これを『学習性無力感』と呼ぶ」

エイミー・モーリン（心理療法士）

「学習性無力感」がどういうものか理解するには、この造語が生まれるきっかけとなった研究について見てみるとよい。1965年にうつ病をより詳しく知るための研究の一環として心理学者のマーティン・セリグマンが次のような実験を行った。ベルを鳴らして、犬に軽いショックを与えたのである。

するると、何度も繰り返したところ、犬はショックを与えられる前にショックを与えられたかのような反応をするようになった。つまり、犬は、ベルの音を聞くなりショックを与えられたかのような反応を示したのだ。

次に、セリグマンはそれぞれの犬を真ん中が低いフェンスで仕切られた部屋に入れ、必要があればフェンスを飛び越えられることは犬にも分かるようにした。

フェンスで仕切られた片方の床には電気が通っており、もう片方の床には通っていなかった。セリグマンは犬を電気が通っているほうに入れ、軽いショックを与えたのである。

彼は、犬がショックを与えられない側に飛び移るだろうと考えていたのだが、犬は横になってしまった。まるで、実験の前半で何をしてもショックは逃れられないと学習し、後半では諦めていたかのようだった。実験の前半を行わなかった犬はフェンスを飛び越えた。

セリグマンは、この反応を「学習性無力感」と呼んだ。人間である私たちにも同じ傾向が見られる。逆境にあるとき、過去の経験から何をしても意味がないと分かっているから何もしないのが学習性無力感だ。

これは状況に対するコントロールの無さを受け入れることであり、被害者意識に屈した結果、そうなってしまうのだ。たまに屈しても大した被害はないが、心理学者たちによると、頑固な学習性無力感（自分は状況の結果を一切コントロールできないと信じること）はうつ病の主な原因になるという。

興味深いのは、自分たちに起きたマイナスな出来事についてどのような考え方をするかによって、無力と感じるかどうかに大きな影響を与えるということだ。心理学者たちは、この捉え方を「帰属」と呼び、いくつかの帰属タイプが学習性無力感の原因となるという。

- 内的帰属：マイナスな出来事の原因は自分だと考える。例：「あの仕事に就けなかったのは自分がバカだからだ」
- 永続的帰属：マイナスな出来事の原因は永久に変わらない状態だと考える。例：「あの仕事に就けなかったのは自分がこれまでも、そしてこれからも変わらずにバカだからだ」
- 全体的帰属：マイナスな出来事の原因はその出来事だけでなく、他の場合も当てはまると考える。例：「あの仕事に就けなかったのは自分がバカだからだ。運転免許の試験で不合格だったのも自分がバカだからだ」

学習性無力感と被害者意識がこうした考え方から生じているのなら、自分の思考に挑み、変えることができれば、その餌食とならないで済む。

心理療法士のエイミー・モーリンは被害者意識から抜け出す方法を次のように紹介している。

- 文句を減らす。文句に時間とエネルギーを費やすほど、状況を整理できなくなる。
- こう考えてみよう。今すぐに自分の人生をよりよくするために踏み出せるポジティブな一歩となるのは何をすることだろうか？
- 白か黒かで考えないようにする。「いつも」や「絶対に〜ない」という言い方を減らし、難しい状況をあなたの人生全般の表れとしてではなく単独の状況として見るようにしよう（この昇進は逃したけど、他にもチャンスはあるはずだ、など）。

強さを奪うもの5　ストレス

ストレスは大きなテーマであり、あらゆるやり方で私たちの内面の強さを損なわせる。さらに、ストレスにはさまざまな種類がある――短期ストレス、慢性ストレス、毒性ストレス――なんと、活用の仕方さえ分かれば「良性」ストレスまで存在するのだ。

たとえば、勉強し、試験を受けるのは短期ストレスに分類される。単独では何ら害はないのかもしれないが、十分に回復しないうちに自分の対処能力を上回るほどストレスが溜まった場合は問題だ。

自分が自営業のひとり親だったと想像してみよう。稼ぎ手はあなただけだが、それについては十分に対処できている。ところが、母親が病気になってしまい、あなたには看病をしてあげる時間がない。

このような難しい問題が積み重なる状況では、ホッとする時間も解決方法もなく、慢性ストレスとなり、何も対策を講じなければそのままうつ病や不安神経症などの長期的な精神疾患につながりそうだ。私たちの内面の強さは完全に破壊されてしまうだろう。

トラウマ的な経験は、本質的にストレスが多い。その上、私たちの立ち直る力に影響するのだから、ダブルパンチだ！　では、一体ストレスの何がそうさせるのだろう？

ここでまた闘争逃走反応の登場だ。私たちがストレスを感じると、入ってくる情報に扁桃体が危険というレッテルを貼る。すると大脳皮質（決断する、社交的になる、新しいアイデアを採用するなどを司る脳の部位）は大幅に制限される。

その結果、後悔するような行動に出てしまうかもしれない。ストレスを感じているせいで子供に当たってしまった経験はないだろうか？　または、口論の末にレストランから飛び出したことは？

こういった経験がある人なら、何のことか分かるだろう。ところが、苦しむのは精神面の健康だけではない。ストレスは身体面の健康にもマイナスの影響を及ぼすのだ（誰もが知ってのとおり、体調が悪いときに精神的な強さを保つのは大変である）。

すでに見てきたように、私たちはストレスを感じるとコルチゾールが分泌される。コルチゾールとは、血糖値を上げるエネルギーの源となるホルモンのことだ。血糖値が上がるのは素早い反応をするなど短期的に何かをするには最高なのだが、長期的には免疫システムにとってよくない。

コルチゾールが分泌されると、副腎から分泌され免疫システムを支えるＤＨＥＡと呼ばれるホルモンが分泌されなくなるからだ。さらに、血糖値が上がると動脈壁に炎症が起こる。ストレスが心臓発作や脳卒中の要因と言われているのはこのためだ。

ストレスに立ち向かう上で絶対に覚えておきたいのが、回復する時間を十分に取れるなら、多くのストレスと闘えることだ。そうすれば、ストレスの存在下でもやるべきことをやり、成長できるのである。

グレッグ・ステインバーグ博士はこう語る。

私たちの心と体には回復する時間が必要だ。ストレスが関係する場合はとくにそうだ。休暇を取るのが大切なのはそのためだ。そうしなければ、あなたは倒れてしまうだろう。

筋肉がどのように鍛えられるか見てみてもらいたい。ウエイトを持ち上げると筋肉に普段以上のストレスが加わり、過負荷に対する適応反応として筋肉がたんぱく質を生成し、筋繊維と筋肉の成長を促すのである。

ところが、筋肉に適切な回復する時間を与えずに過負荷をかけ続けると、筋肉は縮んでしまう。筋肉の成長周期を止めないためには回復する時間が必要であり、それは認知的な成長でも同じだ。

休暇中のあなたは、成長周期を止めずに済むために必要な回復の時間を取っているのである。対照的に、長期休暇や短期休暇を取らずに働き続けると、精神的に縮んでいってしまう。この収縮は集中力の低下や不安の増加、うつ病や燃え尽き症候群となって表れる。

強さを奪うもの6　行き詰まること

ある意味、本章に登場する強さを奪うものはどれも心理的に「行き詰まる」例か、イライラしたときにとってしまう役に立たない反応と言える。

まさに逆境においては私たちの強さが試されているのである。大切なのは、それにどう反応するかだ。

それでは、いくつかのよくある心理的な「行き詰まる」例と、それがどのようにあなたの成長を妨げるかについて見ていこう。

● 期待が原因で行き詰まる：自分の人生はこうでなければといった考えや何かを達成することに固執するほど、それが起こらなかったときに落胆してしまう。

落胆という感情はとても強力なため、立ち直る力に関してはかなり有害だ。ただし、落胆そのものは期待がコントロールできていないせいで起きているため、たまに次のことを吟味するとよいだろう。自分は人生に、本当は何を求めている、あるいは期待しているのだろう？　自分はしょっちゅう落胆していないだろうか？　自分の期待は高すぎてはいないだろうか？

● 目標が原因で行き詰まる：たまに一つの目標にエネルギーを注ぎ込み過ぎて、ふと気づくと、そもそもなぜ頑張っているのか分からなくなっているときがある。

私たちは、無意識に生きていることが多い。たとえば、自分がそうしたいからではなく、そうすべきだと思うから、あるいは、世間的にそれが求められていると感じるから目標を追求する、など。自分の心がこもっていないことにエネルギーを無駄遣いせずに済むよう、定期的に立ち止まって目的を評価することが重要だ。

●凝り固まった考え方が原因で行き詰まる：凝り固まった考え方は、ある意味で論理的に思える。なぜなら、結果が分かっているため、自分がこれまでやってきたように考えたり行ったりしているからだ。

ところが、以前、ある方法で何かを乗り越えたからといって、今また同じ方法で乗り越えなければならないわけではない。凝り固まった考え方から抜け出すには、しなやかマインドセットと水平思考（別の切り口で方法を考える思考法）を鍛えるとよい。たとえば、この問題を乗り越えるには他にどのような選択肢があるだろうか？　どうすれば別のアプローチができるだろう？　自分の考え方を根本から変えるのは可能だが、それにはたくさんの時間と努力が必要となる。

私たちは努力より快適さを選びがちだが、考え事ができる落ち着いた空間を自分に与え（マインドフルネスのテクニックを使って）、それと少しの鍛錬で思考を緩め、学び、成長することができる。

●結果への強い固執が原因で行き詰まる：何をするにしても結果がどうなるかは分かり得ない。ところが、たまに結果に固執し過ぎる人たちがいる。そして大抵の場合、彼らは自分たちの態度をコントロールできなくなってしまう。

たとえば、誰かにプレゼントをあげたとして、相手の反応はコントロールできない。同じように、私たちが勇気を出して恋愛を始めるときも、結果をコントロールするのは無理だ。結果をコントロールしようとする（プレゼントを受け取った人がちゃんと喜びを爆発させ、恋人になって3週間後にどうなっているかを知りたがる）のは、自分が寛容になり、ひいてはレジリエンスを高める邪魔になる。

●自分を人と比較するのが原因で行き詰まる：常に自分よりうまくいっている人もそうでない人もいるため、これではどこにも辿り着けない。

Facebook にはとくに大きな危険が潜んでいる。なぜなら、人は Facebook には自然と「よい顔」しか載せないからだ。そのため、誰もが素晴らしい旅行へ出かけ、結婚し、全体的にあなたより楽しい人生を送っているかのように映るだろう。

ただし、それはあなたには彼らの本当の人生の「舞台裏」が見えていないからだ。問題は、私たちがそれを忘れていとも簡単に騙され、無力な、または、つらく腹立たしい気持ちにさえなってしまうということだ。

強さを奪うもの7　回避と押しつけ

「単純に認めなかったからと言って痛みが消えるわけではない。むしろ何もしなければ、悪化し、大きくなり、私たちがなりたい自分からはかけ離れた態度につながってしまう」

ブレネー・ブラウン（心理学者）

第1部で、いかに痛みを避けたくなるのが自然かについて説明した。トラウマや変化、逆境――どれも私たちにとって大きなストレスとなるため、それを追い払いたくなるのは至極当然だ。

ところが、回避も短期間なら可能かもしれないが、長期的には、回避するだけでは痛みを処理し、状況を解決しようとしていないため、余計にストレスレベルが上がってしまう。それでは、遅かれ早かれ問題が生じる。

心の痛みを無視しようとして起こることの一つを、『立て直す力　RISING STRONG 感情を自覚し、整理し、人生を変える3ステップ』の著者であるブレネー・ブラウンは「シャンデリア級の気力」と呼んでいる。

つまり、「再び表面に浮かび上がってくるようなことが絶対にないよう、痛みを奥深くに押し込んだつもりでも、当たり障りのなさそうな一言によって突然激しい怒りがこみ上げたり、発作的に号泣してしまったりということがある」。これが要するに、私たちが抑え込もうとしたストレスの「爆発」だ。


そして、もう一つ私たちがよくやる、痛みを追い払おうとして立ち向かわないままになってしまう方法が、押しつけだ。言葉通り、痛みを他人に押しつけるのである。

誰しも一度は経験があるはずだ。仕事で散々だった日に家に帰ってパートナーに八つ当たりをするとか、自分が苦しい時期に子供たちに対してもストレスを感じるとか。

問題は、自分で自分がものすごく嫌になることだ。そして、自己嫌悪と後悔のスパイラルに陥り、それ自体が私たちの自尊心とレジリエンスを使い果たしてしまう。


あなたが本章から多くを学び取ってくれたことを願う。自己認識は本当の強さを鍛える旅の第一歩だ。自分が屈しやすいものを覚えておき、まずはそれらに対して取り組んでほしい。

3 HOW CAN YOU BUILD REAL STRENGTH?

第3部　本当の強さを身につけるには?

第7章

CHAPTER 7 MANAGE YOUR EMOTIONS

感情をコントロールしよう

人生の壁にぶつかったとき、あるいは何か悪いことが起きたとき、多くの場合、もっとも厄介なのは状況そのものではなく、私たちの感情である。

感情が足を引っ張るのだ。感情が私たちの決断に影響を与えたり、状況に対する反応を起こさせたりしなければ、あらゆることがもっと簡単にできるようになるはずだ。

怒りにまかせて面倒な会議から飛び出した、あるいは嫉妬にかられて後悔するようなメールを送りつけてしまった経験がある人ならば、これがどういう意味か分かるだろう。

つまり、どんなに強い決意と善意をもっていても、ひとたび強大な感情に支配されると心を強く保つのがものすごく大変になるのである。

しかしありがたいことに、感情が自分の敵ではなく味方となるよう、調整したり制御したりする方法はたくさんある。

自分を知る

「立ち直ったときのためにできるだけよい土台を築くのにもっとも重要なのは、本当の自分を知り、理解することである」

リギー・ウェッブ（行動コンサルタント）

第1部では自己認識について触れ、それが本当の強さを手にいれる旅における最初の一歩であると書いた。

感情のマネジメントは、本当の強さを鍛えるためには欠かせない重要な要素である。自己認識もまた感情をマネジメントする旅の最初の一歩と言えるだろう。

次のように考えてみてほしい。そもそも認識せずに、自分の感情と向き合い、調整することなどできるだろうか。感情を認識できてこそ、興味がもてるのである。感情の動きや変化に注目し、とくに直面している困難に対するあなたの態度や能力にどのような影響を与えるかに目を向けよう。

「自分の考えや態度に興味をもっている人ほど、レジリエンスを身につけることができる」

ブレネー・ブラウン（心理学者）

ブレネー・ブラウンは、著書『立て直す力 RISING STRONG 感情を自覚し、整理し、人生を変える3ステップ』の中で「引き金」について書いている。

これは、挫折から立ち直るプロセスの最初のステージで、彼女は「立て直し」のプロセスと呼んでいる。

引き金が引かれるとは、何かのきっかけで感情がわいてくる瞬間を指す。感情が不安定になる瞬間である。その原因には、同僚との口論や昇進を逃すといった比較的軽いものから、パートナーの浮気が発覚するなどの深刻なものまであるだろう。

ブラウンは困難を「闘技場」になぞらえ、「引き金」を「倒れた瞬間」と表現する。つまり、地面に叩きつけられた瞬間だ。

引き金とは、感情の葛藤を生むあらゆるものを指し、私たちはそれによって感情に支配されてしまうのである。その結果、自分や他の人たちに関する役に立たないストーリーを自分自身に語り始める。みんなが自分に嫌がらせをしてくる、自分には無理だ、自分のせいだ、など。あるいは、強さを消耗するだけの態度や対処法を取るようになるかもしれない。ブラウンが言う「立て直し」のプロセスは、これらに代わる手段のことである。

おそらく、あなたは今こう思っているだろう。プロセスの最初のステージが闘技場で倒れている状態なら、どうやって起き上がればよいのだろう？

もっとも重要なのは、まずは自分が倒れている（引き金が引かれた状態）と気づくことで、ここにきて「自分を知る」が真価を発揮する。

感情の引き金が引かれたと気づいたら、それらの感情と向き合えるようになり、もしかすると何らかのパターンが見えてくるかもしれない。「私は全力を尽くさなかったことを責められるとイライラするのか」「子育てについて後ろめたさを感じているのか」。

このようにして感情をじっくりと分析し、興味を持ち、学ぶことができる。これらの感情はどんな意味を持ち、どこから来ているのだろうか？　私が強さを手に入れるのをどう妨げているのだろう？　何よりも重要なのは、どうすればそれを利用して、逆に強くなれるのだろうか？

「引き金が引かれた」と感じたら、何が起きたかを付箋に書いたり、携帯電話に打ち込んだり、自分宛にメールを送ったりするとよいだろう。

そして、月に一度それらを振り返ってみよう。しばらくすると、自分の役に立たない態度が書かれたメモが溜まり、破壊的、あるいは回避的なパターンが見つかるはずだ。そうすれば、同じことを繰り返さないために今後取るべき行動が分かる。

感情に対して素早く対応する

人間とは、感情的な生き物である。感情が湧くのは止められない。餌台にやってくる鳥たちのように、感情は絶えず飛んできてはしばらく（餌を与えればさらに長い時間）居座るものもいれば、来たと思ったらすぐにまた飛んで行ってしまうものもいるだろう。

ここで質問がある。あなたは、自分を強くしたり、自分の価値観を支えたりしてくれない感情をどのように処理しているだろうか？

重要となってくるのが「感情の敏捷性」だ。レジリエンスやスタミナ、忍耐、本当の強さと同様に、感情の敏捷性の解釈も無数に存在する。それをあえて一言で簡単に説明するなら、感情に対して素早く対応する能力と言えるだろう。

つまり、もっと感情をコントロールできるようになるために、それを理解し、制し、可能な限り利用できるようになるのである（自分がコントロールされるのではない！）。つまり、感情の敏捷性は、私たちが気持ちをコントロールできるようにしてくれるというわけだ。

心理学者のスーザン・デイビッドは、感情の引き金が引かれる瞬間を「思考の罠にはまる」と表現している。

「私たちは思考の罠にはまると、たった一つの見方や考え方にとらわれてしまう」

スーザン・デイビッド（心理学者）

大切なのは、感情に対して公然と強い反応を示すことだけが、思考の罠にはまっていることを指すのではないと覚えておくことである。

感情を閉じ込めたり抑え込んだりする他にも、気が滅入るのも思考の罠にはまったときの症状の一つだ。

思考の罠にはまった状態では、感情が刺激されてから対処するまでにスペースがない。言い換えると、自分で自分を感情の隅っこへ追いやり、その他の決断や態度の選択肢を失うのである。

このように、思考の罠にはまると、私たちは自分の考えに固執してしまう。これは感情の敏捷性とは真逆だ。しかし、感情が起きてから反応するまでにスペースが作れれば、逆境への対処が上達し、乗り越えられるようになる。その能力こそが、感情の敏捷性である。

本当の強さの根底にあるのは、私たちが人生における日常的な問題とどう向き合い、与えられた状況や浮かんでくる思考にどう向き合うかである。

否定的な思考や感情から解放される方法を学ぶのは、極めて便利で重要なスキルだ。私たちが思考の罠にはまる原因は、感情そのものの場合もあれば、理想の人生を思い描いている場合もある。

たとえば、自分はお金がなくて引っ越せないのに、いつも人生が順調そうな友達が、あなたにとって理想の家を購入してしまった！

よく考えれば、友達が家を購入したところで自分の人生には何の関係もないのだが、気をつけていないと、嫉妬や恨みの感情に苦しむことになる。そうなると、あなたの行動は価値観ではなく感情に支配され、あっという間に事実が私見に、私見が意見に変わってしまう。

「友達が素敵な家を購入した。いつか私たちにもその時が来るはず」という気持ちが「不公平だわ！　どうしてあの人には家を買うお金があるのに私たちにはないの（さらに気が滅入る）。私はいつどこで人生の決断を誤ってしまったのだろう？　私はなぜこんな目に遭うのだろう？」となる。

事実が意見に変わっていくのを認識し、その間にスペースを作ることで、私たちは思考の罠から解放され、感情の敏捷性を強化できるだろう。
思考の罠から解放される方法を紹介しておこう。

1 表面化させる

つまり、ありのままの思考や感情を認識することである。会議中に傷つけられたと感じたら、こう考えてみよう。

「私は傷ついている――つまり私は傷ついたという思考になっている。私は傷ついたという感情を抱いている」。

これは、「よくも私を傷つけたな！　出て行ってやる！」と思うのと真逆の思考だ。スーザン・デイビッドは「感情を事実として扱うのではなく、ガイドとなってくれることを理解するべきです」と言う。

たとえば、我が子と一緒に過ごす時間が少ないと後ろめたさを感じているからといって、我が子と一緒に過ごす時間が実際に少ないというわけではない。そのような気持ちになるということは、自分が何を欲しているのか、また、自分にとって何が重要であるかを表す指針になっている。つまり、あなたは我が子ともっと多くの時間を一緒に過ごしたいのだ。

2　感情に対する刺激と反応のあいだにスペースを作る

感情を俯瞰し、感情的な反応は役に立たないと気づき、自分の価値観に沿った反応をするべきだと気づくことが必要だ。この能力は、心身とも健康でいるためには必要不可欠だ。

たとえば、子供が学校から帰ってきていじめられていると訴えてきたときに、安易にアイスクリームを与えたり一緒に遊んだりして子供の心の痛みを取り除こうとしてはいけない。子供にとって何が重要か、この苦しい状況で「どうなりたい」のかを尋ねるのだ。

そうすれば、他の子供たちが何と言おうが（あるいは、何をしようが）、子供は自分が本当にやりたいことをできるようになるだろう。

もちろん、この方法は大人にも有効だ！　自分の価値観に基づいた習慣は、人生や幸福にもっとも大きく影響する。次に何かしらの思考や感情が芽生え、それに反応するときは、自分自身に次のように問いかけてみよう。

①このような反応をすることで、理想の自分に近づけているだろうか？
②理想の自分に近づけるよう、普段とは違う態度を取れないだろうか？

3　踏み出す／手放す

「思考にはまる」のが必ずしも悪いわけではないが、中には絶対に手放すべきものもある。たとえば「私はいつまでもデブのまま」や「私はデートが苦手」といった思い込みなどだ。

このような思考にはまると、私たちは敏捷性を失ってしまう。「踏み出す」ことは、手放す方法の一つと言える。

手放すために重要なのは、手放すべきものと残すべきものを知ることである。これはとても簡単だ。自分の価値観に沿っているものは手放すべきではない。なぜなら、人は強い価値観を育み、それに沿った行動を取ることで精神的に強くなるからだ。そうすれば、感情的に敏捷になるのはずっと簡単になる。

4　変化を起こし、前に進む

このステージでは、小さな変化を起こすことが重要だ。結局のところ、人生に違いを生むのは、小さな変化であり、習慣をちょっとだけ変えることだったりする。

ここで覚えておきたいのは、強さを保ちつつ、さらに鍛えるには、小さな変化こそが私たちの「理想とする」目標や価値観と深く関わっているということだ。

思考を整える

脳幹の中核には「脳幹網様体賦活系」と呼ばれる神経の束があり、略してＲＡＳ（Reticular Activating System）と呼ばれている。ＲＡＳには脳の神経細胞の約70％が含まれていて、非常に重要な機能がいくつかある。

- 脳に入ってくる情報のほとんどに対して、玄関口としての役割を果たす。
- 意識が受け取った指示や情報を潜在意識に伝える。
- 中に入ってくる情報の種類をフィルタリング、またはスクリーニングする「門番」としての役割を果たす。
- 意識のスイッチを入れる鍵とも考えられる。つまり、特定の感情や目標に対して「スイッチがオン」の状態となるようプログラムし、プラスの結果をもたらすことができる。

著書の『はじめてのＧＴＤ ストレスフリーの整理術』（田口元訳、二見書房、２０１８年）で、生産性向上コンサルタントのデビッド・アレンはＲＡＳの機能や潜在能力を次のように説明している。
「コンピューターと同じように、脳にも検索機能があります。しかも、自分が注目していること、もっと言えば自分が共鳴することに基づいてプログラムされているという点において、コンピューターよりも優れています」

アレンの言う「共鳴すること」とは、私たち一人ひとりが過去の経験や仕事などをもとに焦点をおく特定の事柄、さらには、私たちを形作るあらゆる要素を指している。

たとえば、眼鏡店の販売員は眼鏡をかけている人たちが目に入りやすく、女性は妊娠すると途端に他の妊婦が目に入るようになる。

赤い色を思い浮かべてもらいたい。それから、周囲を見渡してみよう。すると、小さな面積だとしても、突如として赤い色が目に入ってくるようになるだろう。それと同じように、特定のことが目に入ってくるよう、ＲＡＳを鍛えることができる。

ＲＡＳを脳の「検索機能」と表したアレンの説明から、達成したい目標を「検索」して注意を向けるようプログラムすれば、それを達成する手助けになると分かる。

要するに、目標達成に必要な情報に注意を向けさせる力がＲＡＳにはあるということだ。つまり、もしかすると気づかれずに埋もれていたかもしれない手助けとなるものを特定し、あなたの注意をポジティブな結果に向けてくれるのである。

さらに、ＲＡＳは感情のマネジメントにおいても役割を持っている。なぜなら、私たちが常に思考や独り言を通して情報を与えているからだ。つまり、ポジティブな思考や独り言を呟けば、ＲＡＳがそれをしっかりと汲み取り、プラスの結果が生まれるというわけである。

ＲＡＳを最大限に活用して精神力や自信を高めるには、達成したい目標をビジュアル化するのも有効な手段の一つだ。

ビジュアル化するとは、実在のものをできる限り忠実に再現し、鮮明かつ人を惹きつけるイメージとして思い描くことである。

ＲＡＳの面白いところは、タスクのビジュアル化と実行の違いを識別できないというところだろう。なぜなら、それらは同じプロセスを踏むからだ。つまり、自分が送ったメッセージをすべて信じる傾向にある。

そのため、この上ない自信を持ってスピーチを行う練習をする、または、そうしている姿をビジュアル化すると、実際に自信を持ってスピーチできるようになるというわけだ。

ＲＡＳがあなたをコントロールするのではなく、あなたがＲＡＳをコントロールしなければならない。だから、何をどのように与えるかに注意したい。

ポジティブな思考や感情を与えれば、極めて大切なポジティブな姿勢が発達し、楽観性が育まれやすくなる。たとえば、難しい仕事を任されたときに、「これは大変だ、嫌な思いをするに違いない」と考えるのではなく、「何がなんでも、これを楽しむ方法を見つけ出す」と考えを転換するのだ。

この章では、感情が私たちの態度や決断、強くなる能力に与える影響について掘り下げた。まずは感情を認識し、それをうまく調整し、マネジメントするための戦略やヒントについて学べたことだろう。

なかでも重要だったことの一つが、感情の引き金と反応との間にスペースを作るというものだった。自分自身と自分の思考の間にスペースを作る方法については、第９章で詳しく説明したいと思う。

そして何よりも、あなたが感情をコントロールしていることを覚えておこう。感情があなたをコントロールしているのではない！

次の質問を自分にしてみよう。

①私の人生には、どのような悪い「思考の罠」があるだろう？　たとえば、人間関係を築くのが苦手、または、自分には昇進などありえないと思い込む、など。

②私の人生には、どのようなよい「思考の罠」があるだろう？　つまり、自分にとってもっとも大切な価値観に沿っている「思考の罠」だ。たとえば、どうしても慈善活動に参加したい、または、もっと「子供と一緒にいてあげられる」親になりたい、など。

③もっとポジティブでためになる思考をＲＡＳに与えるには、どのようなステップが必要だろう？　ネガティブな思考を与えそうになったとき、それを止める方法はあるだろうか？

第8章　思いやり、つながる

CHAPTER 8 THE TWO Cs: COMPASSION AND CONNECTEDNESS

「勇気と思いやりをもち、そしてつながりを育めると、『よい』『満ち足りた』『価値がある』と感じることができる――つまり、心が満たされた人生を送れるのである」

ブレネー・ブラウン（心理学者）

思いやりの力

本当の強さを鍛えるにあたって、弱さは重要だ。自分の弱さ――誤りやすさ、恥ずかしさ、恐怖――をさらけ出し受け入れることが重要であり、それはレジリエンスにとって不可欠でもある。

ところが、まだ本書で触れていない要因がもう一つある。それが「思いやり」だ。

「自分に対する思いやりと他人に対する思いやりは、どちらも強さを維持し、鍛えるための重要な要素である」

マイケル・シンクレア博士（心理コンサルタント）

なぜそうなのか、そして、どうすれば思いやりを育て、自分を徹底的に強くできるかについて詳しく見ていこう。まずは思いやりを定義しておこう。

思いやりとは？

オックスフォード英語辞典で思いやりを調べると、次のように書いてある。

「人の苦悩や不幸に対する同情心や心配」

おそらく「思いやり」という言葉からは優しさを連想するだろう。もちろん（同情心や心配は言うまでもなく）優しさも関係しているが、思いやりの本質は勇気だということが科学的研究によって明らかになった。

あなたはこう思っているかもしれない。思いやりの科学的研究なんて本当にあるのだろうか？

答えは、イエスだ！　イギリスのダービー大学に勤める臨床心理学教授のポール・ギルバートは、過去35年にわたり恥ずかしさならびに恥ずかしさが原因となっている困難について研究を行ってきた結果、その対処法としてコンパッション・フォーカスト・セラピーを考案した。

コンパッション・フォーカスト・セラピーは心理療法の一つで、自分や他人に対してもっと思いやりを持つ方法を学ぶことである。ギルバートは思いやりを次のように定義している。

「自分や他人の苦しみに対する感受性。さらに、そうした苦しみを軽減させる、または防ぐと約束すること」

またギルバートは「勇気」を、苦しみの本質や原因を掘り下げようとする意欲として説明している。

なぜ私たちは思いやりを習得する必要があるのか？

うまくいかなかった面接から帰宅した自分の姿を想像してみよう。あなたは、こんなふうに自分を責めるかもしれない。

「私はだめな人間だ。どうしてもっと準備をしておかなかったのだろう？」

すると、自己批判が自信やレジリエンスに直接的な影響を与えることにすぐに気づくだろう。もしかすると、もう面接に行きたくなくなるかもしれない。

反対に、もっと思いやりのある方法で対応すればレジリエンスは保てる。心理コンサルタントのマイケル・シンクレア博士は、こう説明する。

「たとえば、セックスや食べ物は、肉体的な興奮と隣り合わせになっています――つまり感情的と肉体的の両方の反応があります。よだれが出て、鼓動が早まります。経験（面接の後など）に対して、思いやりのある独り言を言っても同じような現象が起こります。感情的と肉体的の両方の反応です。すると、私たちの気持ちはすぐに穏やかになり、安心し、静まるでしょう」

そして、その結果、精神的に強くなったように感じられるというわけだ。

思いやりの仕組みとは？

私たちが何をどのように考えるかは、心身の健康を左右する。自己批判は、頭の中にいじめっ子を抱えているようなものだ。不安を煽り、私たちを弱くする。体の姿勢すらも変えてしまうのである。一方、自分に優しくすると、自然と気持ちが静まるだろう。思考は感情に伝わるのだ。

さらに、生物学的にも説明はつく。思いやりのギアが入っていると、コルチゾール（ストレスホルモン）の代わりにオキシトシン（授乳／育児中の母親から分泌されるホルモン）が分泌される。このホルモンは、赤ん坊だけでなく、大人にも気持ちが静まり、安心する効果を与える。オキシトシンが分泌されると、心身が健康になり、強くなったように感じられる。そして、「大丈夫、安心していい、私には対処できる」と思えるようになるのである。

ギルバート博士が開発したセラピーに話を戻そう。自分自身に対する優しさを育むために自分でも簡単に実践できる内容になっている。

前にも書いたように、コンパッション・フォーカスト・セラピー（ＣＦＴ）は心理療法の一つで、恥ずかしさや後ろめたさからくる強い気持ち――誰もが時に苦しめられ、内面の強さを消耗させられる気持ち――に苦しむ人にとって非常に役立つ。

ＣＦＴを支えているのは生物学的な進化である。つまり、私たちの考え方、さらには、私たちが生まれ持った脳の仕組みは進化に関係していると言える。

ギルバート博士は、思考と反応には３つの調整システム、または３つのモードがあると言う。
●脅威システム：恐怖や不安に関連した、すでに本書でも書いた心身の健康が脅かされたときに自己を防衛するための、原始的なシステム。
●動機システム：私たちが目標を達成するために決心し、やる気が出るよう仕向ける感情や思考に関連したシステム。とくに逆境で何かにひたむきに打ち込ませてくれる。要するに、「こんなことに負けてなんかいられない！」という感情のこと。
●鎮静システム：私たちを安心させてくれる。ストレスが多い状況で、他のシステムでは効果が得られないときに発動するシステムである。私たちは困難でストレスの多い状況に置かれると、このシステムを使って気持ちを落ち着かせ、安心し、合理的に考えられるようになる。

自己批判をすると、私たちの思考は脅威でいっぱいになる。面接官にバカだと思われていたらどうしよう？　次の面接に呼ばれなかったらどうしよう？　など。このような思考は脅威システムの仕業であり、私たちは脅威から逃げようとして、あるいは脅威そのものをなくそうとして、理不尽な行動を取ってしまう。問題は、この状態になると深く考えられないことだ。私たちはただ逃げるのみで、それが学ぶ能力、つまり前に進もうと努力する能力に影響を与えてしまう。

鎮静システムが動くと、私たちは安全で静かなところにいることができるため、上手に前へ進み、自力で対処する方法を合理的かつ冷静に考えられるようになる。

コンパッション・フォーカスト・セラピーの中心となるテクニックをコンパッション・マインド・トレーニング（CMT）といい、これによって思いやりのスキルや特性を学べる。CMTは、問題のある思考パターン、不安、恥ずかしさ、自己批判、離人症（自分を痛みから引き離す）から沸き起こる感情をより落ち着いて合理的に考えられる思考パターンに変えてくれる。

マイケル・シンクレア博士は、思いやりを育てる方法をこう語る。

●まず、苦しみを無視したり悪化させたりするのではなく、身のまわりを注意深く意識する必要があります。そのためには、苦しいときの自分の思考や気持ちに気づき、認めるところから始めましょう。

●共通の人間性を認識する――たとえば、それぞれに事情は異なったとしても、誰もが痛ましい感情や面倒な思考に悩み、同じような苦しみを抱えています。声に出して（あるいは頭の中で）言ってみるとよいでしょう。

「今、私は悲しみを感じている。この瞬間／今日は悲しみのときだ。誰もが同じように苦しみ、もがいている。苦しんでいても、私は一人ではない」

●自分に優しくする――自分に対して批判する、あるいは厳しくするのではなく、思いやりを持ち、友達にするのと同じように話しかけてみましょう──どんなアドバイスをしますか？どんな応援の言葉をかけますか？　あるいは「すごく大変だね」と認めてあげるだけでもよいでしょう。

自分に優しくしよう

心理学者のブレネー・ブラウンは、著書『立て直す力 RISING STRONG 感情を自覚し、整理し、人生を変える3ステップ』の中で、自身が確立して発展させた、「倒れても起き上がる」つまり、逆境を乗り越えるための「立て直す」プロセスを紹介している。

自分への思いやりは、このプロセスで大きな役割を担う。それは誰にでも習得できるものだ。早速、自分への思いやりを育み、実践するための「立て直す」プロセスについて見ていきたい。

ブラウンは、このプロセスを「自覚する」「整理整頓する」「劇的に変わる」の3つのステップに分けている。この多角的なプロセスは、次のように説明できる。

1　自覚する：まず、ここで自分の「引き金」が引かれたことに気づく。簡単に説明すると、感情が乱れるような出来事が起きたのである。つまり、逆境に直面する直前だ。

2　整理整頓する：ここでは、今の状況における自分の気持ちや感情を掘り下げる。この苦境について、自分は自分にどんなストーリーを語っている？　それは真実だろうか？　それとも嘘だろうか？　起きた出来事の表面より下を掘ってみよう――あなたはどのような感情と闘っているのか？　たとえば、嫉妬や恐怖、あるいは独りよがり、などがあるだろう。

3　劇的に変わる：ここでは、整理整頓のステップで学んだことを活用し、人として成長して変わることができる。

賢い人は、整理整頓のステップで自分への思いやりを育めるだろう。すでに書いたように、自己認識は、自分が成長するための旅の最初の一歩であり、思いやりの成長においても同様に言える。そこで、まずしなければならないのは、自分の考えや感情を知ろうとすることである。困難な状況やトラウマに立ち向かうとき、自分に問いかけるべき極めて重要な質問が3つあるとブラウンは言う。そうすることで思いやりを育み、結果的に内面の強さも鍛えられる。

1　自分が置かれている困難な状況について知っておくべきことは何だろう？

たとえば、母親と揉めて落ち込んでいるとき、その喧嘩について理解しなければならないのは何だろう？　喧嘩のきっかけは？　誰が原因なのか？　別の要因（たとえば、お互いに疲れていたなど）の影響はないだろうか？　酔っ払ってはいなかっただろうか？　実はまったく別の原因があるのではないだろうか？　よく考えてみたら、もっと深い理由が見つかるのではないだろうか？

2　当事者について知っておくべきことは何だろう？

母親の言い分は？　議論にあがった、あるいはこの喧嘩に関係している人物は他にいないだろうか？　彼らの立場は？　理解が深まるほど思いやりの能力は高まるので、詳しく知ることができるよう、よく観察してみよう。

3　自分について知っておくべきことは何だろう？

自分の反応をしっかりと分析する。馴染みの行動パターンに陥っていないだろうか？　それは、自分にとってうまくいくやり方だろうか？　そうでないとしたら、それはなぜだろう？起きている問題や状況を別の視点から見られないだろうか？

自分を犠牲にする必要はない

自分だけでなく他人に対しても思いやりを持ち、実践すると強さを感じられるだけでなく、実際に鍛えられるということはすでに立証済みである。これは極めて当然なのだ。自分や他人に親切にすると、気持ちがよい。そして、人は気持ちがよく幸せだと強くなったように感じられるのである。

思いやりを持つというのは自分を後回しにし、すべてに「イエス」と答え、聖人君子のように振る舞うことではない。むしろ、それでは内面の強さを消耗するだけだ。

興味深いことに、ブレネー・ブラウンは、自身の研究を通して、自分を犠牲にする人より、徹底的に境界線を引き、それを守る人のほうが思いやりを持っていることを発見した。それはなぜだろう？「境界線を引けば、怒りを抱かずに済むからです」と彼女は言う。

まずは自分にできるかどうか、そして何よりも、やりたいかどうかを大切にしなくては、他人が大切にしてくれるはずがない。それを怠ってしまうと、怒りや苦痛を感じ、人に利用されているように感じるだろう。

どの感情や経験も、私たちの強さや素質を消耗する。健全な境界線を引けるようになれば、こうしたことが防げるはずだ。何より、正直かつ誠実に自分の価値観に沿った人生を生きられるようになる。

ブラウンはこのように語る。

境界線は何がよくて何が駄目かを明白にするためのものであり、それ以上でもそれ以下でもありません。

境界線を引くというのは、それを他人に共有し、守るよう責任を与えることです。問題は、ほとんどの人が、境界線を自分の中だけに留めておいて、他人が違反すると怒るということです。すると、相手は何がいけなかったのかさえ分かりません。あるいは、何がよくて何が駄目かを明白に伝えたにもかかわらず、気まずいという理由で違反した人に責任を与えないと、その境界線は最初から重要ではなかったことになってしまいます。

もう一つの思いやりの能力を育む方法は、暗闇の中に飛び込む勇気を持つことである。つまり、最大の恐怖や弱さと向き合い、失敗を認め、痛みを受け入れるというわけだ。

結局、人は自分の悪いところを知らなくては、暗闇を経験している人に対して本当の意味で思いやりを持てないのである。そうやって初めて、彼らの気持ちが分かるようになるのだ。

「自分を理解し大切にすることは、自分を愛する上でもっとも大切な要素でもある」

リギー・ウェッブ（行動コンサルタント）

思いやりを身につけて実践することで、あまり自分を他人と比べたり、他人を批判したりしなくなる。この最高の副産物がついてくると覚えておくのは価値があるだろう。

それどころか、思いやりを実践すると、自分や他人のよいところを探し、見つけられるようになるため、人に自分のもっともよい面を見せられるようにもなる。

つながりの力

「人は一人では生きられない」という古いことわざには、よい意味がたくさん込められている。自分の強さを最大限に引き出すには、人とつながり、また、実際につながっていると感じられなくてはならない。誰しも苦しい時期を乗り越えるには、周りのサポートが必要だ。

心理学者のブレネー・ブラウンは、自身のＴＥＤトーク「傷つく心の力」で、つながりとその必要性、さらにはつながりと勇気や弱さの関係について詳しく話している。彼女自身が感じていた恥ずかしさや「私では十分ではない」などの気持ちを掘り下げるべく、ブラウンは膨大な数の研究を行い、それをＴＥＤのトークや本にして発表した。研究では、多くの人にインタビューをし、恥ずかしさ、弱さ、そしてつながりのそれぞれに関する体験談を得た結果、彼女は次のような発見をしたのである。

- 私たち人間にとって、つながりや帰属意識は必要不可欠だ。それらは、私たちを他の哺乳類と区別し、生きる目的や意味を与えてくれる。
- 私たちが切望するつながりを築くには、まずは自分の「存在を知ってもらう」必要があることは誰もが内心では理解している。つまり、欠点を含め、ありのままの自分をすべてさらけ出さなければならない。
- 問題は、相手が自分のすべてを知ったせいでつながりを築くに値しない何かを見つけられてしまうのではないかと恐れるあまり、自分を弱いと感じてしまうことである。
- このような弱さ、または恥ずかしさの本当の正体とは、つながれないことに対する恐怖なのである。「私では駄目だったとしたらどうしよう?」「本当の私を知られたらつながる価値がないと思われないだろうか?」

- 自分は他人とのつながりや帰属意識を持っていると確信している人たちと、それらを手に入れようともがいている人たちとの違いは、前者は自分たちがそのようなつながりや帰属意識を持つにふさわしい人間だと信じていることが多数のインタビューから明らかになった。

これらの情報は、レジリエンスや内面の強さを鍛えるのにどう役に立つのだろう?

- 本当の強さの根底にあるのは、人とのつながりと帰属意識を感じられることが重要であるということだ。
- つまり、強さを感じられなくなる最大の要因は、人とのつながりを感じられないことだ。
- 私たちは、弱さを見せる――ありのままの自分をさらけ出す――勇気が出せると、つながりを持つ能力を高め、その結果、精神的に強く感じられるようになる。

このように定義すると、つながりや帰属意識、弱さ、勇気、強さはすべて互いに関係していることが分かるだろう。

孤独感がレジリエンスを弱める

私たちの社会はどんどん孤立していて、それは私たちが直面している危機に立ち向かう能力や立ち直る能力――同時に体の健康にも――にも影響を及ぼしている。

期待していたほど社会とのつながりを持てなかった場合、何かがおかしい、と体はサインを出す。私たちの体は脅威を感じるのだ。孤独感が募ると、孤独に関連した感情を制御する能力に影響が出る。つまり、物事を大げさに捉えてしまうのだ。悲しみ、将来や自分には本質的に「何かが欠けている」のではないかという不安が高まり、他人との関係における自分の姿がゆがんで見えてくるのである。

アメリカの心理学者のロイ・バウマイスターとジーン・トゥウェンジが行った実験によると、人は孤独を感じ取ると自己制御力や忍耐力が弱まるという。その根拠となったのが、人が習慣や行動をコントロールするのに必死になることだった。

たとえば、刹那的な快楽を得るために喫煙、飲酒、行きずりのセックスといった破滅的な行為に出る人たちがいるが、これらの行為は孤独感を増し、レジリエンスを低下させるだけである。孤独な人ほどストレスを感じやすく、人と関わらなくなる傾向にあるという報告もあり、その結果、彼らはより孤独感を覚える。また、さらに興味深いことに、孤独感や人とのつながりの少なさが心臓血管系や免疫系にも影響を与えるという。

一方で、人間関係は私たちにとってよい効果があるそうだ。愛は健康を促進し、免疫機能や心臓血管機能を高めるという。

２００７年にイギリス国家統計局が発表した家族をテーマとした報告書によると、性別に関係なく、既婚者のほうが独身者より健康状態がよかったそうだ。ただし、それには配偶者やパートナー以外の要因もある。親しい人たちと交友関係を持つことも、健康によいとされているからだ。２００６年に乳がんを患う３０００人の看護師を対象に行った調査では、親しい友達がいない女性は10人以上友達がいる女性に比べ、死亡率が４倍も高かったのである。

どうすれば、もっとつながりを持てるのだろうか？

人とのつながりがレジリエンスを鍛える鍵だとすれば、どうすれば、もっとつながりを持てるのだろうか？

人間関係の改善に取り組む――簡単に言えばそういうことになるだろう。つながりの主な源は人間関係だ。また、苦しい時期にいる場合は支えにもなる。さらに、危機に直面したときにどう対処するかも人間関係に大きく左右されることが次第に証明されつつあるという。

周りの人のサポートが多いほど、乗り越えなければならない壁に対処する自信が生まれる。ここで重要なのは、友達や自分と関わった人の数ではなく、人間関係の質だ。そのため、人間関係を築いて相手を気遣うのは本当の強さを身につけるうえで極めて重要なライフスキルと言える。健全な人間関係を保つには、次のことを知っておかなくてはならない。

- 自分に求められているのは何か。
- 物事を当たり前と思わず、ありがたみを忘れない。
- 深い人間関係を築き、それを良好に保つために十分な時間を費やす。

右のすべてを実践する方法について詳しく見ていこう。

●会話をする：思考、気持ち、葛藤を共有することで、お互いのそれらの感情を理解し合い、結果としてつながりを感じられる。

●家族に感謝する：私たちは、家族を顧みなかったり、ありがたみを忘れたりしがちだが、彼らこそがあなたにもっとも深く、重要なつながりを与えてくれる存在なのだ。親やきょうだいを変えようとするのではなく、ありのままの彼らを受け入れて感謝しよう。

●誰に対しても親切にする：人に親切にするとドーパミンが増えてナチュラルハイになり、「ヘルパーズ・ハイ」状態になる。親切な行いは、温かい気持ちにしてくれるだろう。そして、温かい気持ちになるとオキシトシンというホルモンが脳内や体内で分泌される――これも「思いやり」のところで触れた「鎮静」ホルモンと同じだ。

目的とつながり、人生の意味を見つける

「つながり」は、人とだけではなく自分の目標とのつながりも指す。目的を持つということは何かをする理由を持つということであり、結果的に、本当の強さに関連するさまざまな素晴ら

しいものへも通じる。人生の目的があれば、私たちは、

- 固い決意と動機を持てる。
- 幸せを感じる。
- 自己肯定感が高まる。
- レジリエンスも強くなる。

人生の目的や意味を持っている人は、より健康で、レジリエンスが強く、幸せで、自分の人生をコントロールできているという研究結果が数多く存在する。さらに、その人たちはストレスや不安を感じにくく、落ち込みにくいという。

私たちには、帰属意識や他人とのつながりと同じく人生の目的も必要である。なぜなら、付加価値が欲しいからだ。目的が見つかると、生き方や、優先的に何のために頑張るかを決める指標にもなる。つまり、私たちは目的を持つことで、自分自身とつながれるのである。

第9章 日々、レジリエンスを鍛えよう

CHAPTER 9 BUILDING ON YOUR RESILIENCE EVERY DAY

この本も終盤に差し掛かり、あなたは抱えている問題を乗り越える自信を持てたことだろう。ただし、すべてのスキルがそうであるように、レジリエンスや本当の強さも一朝一夕では鍛えられない。その上、一度身につくと生涯ずっと失わずに済むものでもない。

むしろ、本当の強さとは精神的な筋肉のようなものだと考えるとよい。まず、鍛えるためには努力する必要があり、さらに、その後も強さを保つためには努力を続けなくてはならない。

この最終章では、すぐに学んで実践できる、本質的なスキルやテクニックを数多く紹介したいと思う。困難にぶつかったと感じたときに、救いを求められるテクニックばかりである。

それぞれのプロセスをステップごとにしっかりと消化し、理解することで、必要なときにいつでも使えるだけでなく、本当の強さという名の筋肉を最高の状態で維持することもできるはずだ。

役に立つ考え方をする

悪いことが起きるのを阻止できないのと同じように、不安や疲れ、憂鬱などの湧き起こる感情を阻止することもできない。

CBT（認知行動療法）は何年にもわたり、うつ病やストレスの治療として使われてきた心理療法の一つである。簡単に説明すると、対処法を教える・違う考え方ができるよう手助けをするなどして患者の感情や態度を変え、それによって症状（ストレス、不安、鬱）をコントロールして和らげるという内容だ。

また、ACT（アクセプタンス＆コミットメント・セラピー）という心理療法もある。人生で挫折やトラウマにぶつかったとき、CBTが苦痛の症状をコントロールするのに対し、ACTはその人と症状との関係性に焦点を当てる。

療法士や心理学者が言う「価値観に沿った人生」に近づくため、ACTはマインドフルネスや「アクセプタンス（受け入れる）」のテクニックを使い、不快な気持ちを避けたり排除したりするのではなく、それらの感情を受け入れ、知ろうとする。

つまり、ACTでは役に立つ考え方を身につけ、問題に立ち向かう自信を育てるだけでなく、その過程で自分らしく生きられるようにもなるのだ。

「ストレスを感じたときに、役に立つ方法で対応できるようになれば、私たちは苦しみが軽減され、自分が強くなったと感じられるようになるだろう」

マイケル・シンクレア博士（心理コンサルタント）

第1部でも触れたが、逆境では、どうにかして状況をコントロール、あるいはなくそうとするのが自然だ。ところが、そうすることで感情が悪いほうに向かい、頭の中が置かれている状況でいっぱいになる。問題に心を奪われ、気を取られるあまり、自分にとって大事なことに費やす時間やエネルギーが減ってしまうのである。

そこで、ACTはあなたに次のように問いかける。そのやり方はあなたに合っている？　そのやり方で気分がよくなったり自分らしく生きられるようになったりした？

この2点が大丈夫なら問題はないのだが、もしそうでないとしたら、自分自身と自分の思考や気持ちとの関係を見直したほうがよいかもしれない。そのためには、まず、自分の気持ちをきちんと観察できるよう、一度、闘うのを完全にやめてみよう。

「じっとしていれば、新たな出口を見つけるチャンスが生まれる。もがく必要はない。何もしなくていい」

マイケル・シンクレア博士（心理コンサルタント）

役に立つ考え方ができるようになるステップを紹介しよう。実際に心理療法士たちが実践している4つのステップだ。誰にでも必ず実践できる。

1　目を覚ます

このステップでは、「今」「ここ」にいることがすべてだ。そして、この能力を育む方法の一つがマインドフルネスである。

自分の思考や気持ちだけでなく、陥りがちな罠、つまり悪い思考パターンに気づく方法を学ぶ。今現在起きている思考や気持ちを認識することが重要だ。

また、このステップでもう一つ大切なのが、ＡＣＴを行う心理療法士たちが「文脈としての自己」と呼んでいるものである。

これは、経験を実際より広い視野で捉え、自分の思考から自分自身を切り離し、思考と自分を別々に観察する方法だ。これができるようになると、自分を自分の思考に定義されなくなり、自分自身を思考そのものではなく、思考の文脈として客観的に捉えられるようになる。

2　力を抜く

これまでの章でも詳しく見てきたように、何よりもまず自分の思考に気づき、認識できるようにならなければならない。

「私は駄目な人間だ」とか「私には何もできない」などのマイナス思考はよくない。シンクレア博士は、これを「無意識に起きる邪魔な反応で、テレビの音量を上げるようなものだ」と言う。

このような思考によって落ち込んだり不安になったりする場合がある。すると、これらの気持ちから抜け出せなくなってしまうかもしれないのだ。

さらに、このステップは、感情を抑圧しないようにする意味もある。自分の気持ちを否定するのがいかによくないかを立証するために、次のことを試してみてほしい。チョコレートについて一切考えないようにするのだ。味も、見た目も、触った感じも……。

どうだろう？　こうすると、チョコレート自体について、さらにはチョコレートの味や見た目についてしか考えられなくなるはずだ！

このように、思考は抑圧しようとしても何にもならない。かわりに「このやり方では駄目だ。

力を抜く必要がある」と自分に言い聞かせ、認識を育もう。

そして、「力を抜く」のにもう一つ重要なのが受容だ。どういう意味かと言うと、防御なしで意識的に感情を体験できるようにするのである。これがうまくできるようになればなるほど、自分がやりたい、あるいはやるべきことに向かって進め、その結果として、全体的により強く、調子がよく感じられるようになる。

3　ステップアップする

このステップでは、価値観を明確にする。逆境で、あなたは何のために闘うのだろうか？どんな人間になり、何を成し遂げ、証明したいのだろう？

第4章で、価値観について、また、自分の価値観を見つける方法について触れたが、ここではさらに詳しく見ていきたいと思う。マイケル・シンクレア博士は、価値観を「(その人が)望む、継続的で、包括的な行動の質」と定義している。

つまり価値観とは、目標ではなく、目標に向かってどのように努力し、達成するかなのである。私たちがどのように、そして、なぜ努力するかは価値観によって違う。

たとえば、目標は「逆境を乗り越える」だとして、価値観は「何事に対しても自分に優しく、落ち着いた親として対処する」だったとする。時間をかけ、苦労を惜しまず自分にとって大事なことを見つけ、それに沿った人生を歩めると、より強さと自信を感じられるようになるだろう。それが「ステップアップ」だ。

4　行動を起こす

ここでは、とにかくやってみる！　価値観に沿って生きるという自分との約束を実行に移し、実際に変化を起こし始めるのだ。

そのよい方法の一つが、目標を立てることである。目標は、私たちに希望や方向性、集中力を与えてくれる。また、目標を立てるということはビジョンを描くということであり、ビジョンを描くということは、本当の強さを鍛える上で重要な役割を持つ。

やり抜く力を育てる

第3章で、私たちはアンジェラ・ダックワースと「やり抜く力」という概念を紹介した。さまざまな研究の結果、ダックワースはどんなに大変な状況でも最後まで諦めなかった人たちに共通していた資質を発見し、それを「やり抜く力」（「情熱と粘り強さ」の究極のブレンド）と名づけたのである。

これらのことから、やり抜く力と本当の強さには密接な相互関係があることに気づくはずだ。情熱と粘り強さがあれば、問題や困難に対して諦めずに立ち向かい、ボロボロになるのではなく、成長して乗り越えられる確率が上がる。

「やり抜く力は、挫折から立ち直れないと衰え、立ち直れると強くなる」

アンジェラ・ダックワース（心理学者）

答えが分かりきっている質問をしよう。逆境を乗り越えるために、やり抜く力がそれほど重要なのであれば、それを伸ばすこともできるのだろうか？　たとえば、普段から状況が厳しくなるとすぐに諦めてしまうような人でも、やり抜く力を身につけることはできるのだろうか？答えはもちろん、イエスだ。やり抜く力に情熱と粘り強さが欠かせないのであれば、それぞれを伸ばすことでやり抜く力を伸ばせるはずである。

情熱の見つけ方や目標を明確にする方法については第4章で触れたので、ここでは粘り強さについて考えてみよう。

粘り強さとは、困難や障害、落胆に屈せず諦めないことだ。

残念ながら、多くの人たちが粘り強さが足りないせいで目標に最後まで取り組めず、自ら成功のチャンスを潰してしまっている。ところが、努力する覚悟さえあれば、粘り強さを鍛えるのは難しくないのである。次の方法を使って、粘り強さを鍛え、やり抜く力を身につけよう。

●まずは、自分が本当に望んでいるものを明確にする。本当に達成したい目標は何だろう？
●どんな障害が立ちはだかろうとも必ず逆境を乗り越え、目標を達成できるという揺るぎない自信や信念が必要だ。
●それらがなければ、可能性として高いのは、諦めてしまい、どうせ最初から成功は無理だったはずという持論が強化されるだけだろう。
●十分に気をつけなければ、このようなマインドセットが習慣になり、潜在的な成功の妨げとなる罠に落ちてしまうだろう。
●自信をつけるために目標達成を可能にする段階的な計画を立てるとよい。その計画はあなたのロードマップだ。それがなければ迷子になってしまうだろう！
●目標達成に向けて動き出す前に、期間を定め、その期間中は決して諦めずに努力すると自分自身に約束する。
●自分で定めた期間を過ぎたら、同じ方法で続けるか調整するか決める。

●柔軟になる。物事を見直すのはいいが、諦めてしまうと自分にはやり遂げられないという意識が強くなり自信を失うので、信念と意欲を持って計画を見直そう。

●目標を達成しようとする過程で直面するかもしれない障害を想定する。そうすることで、実際に障害に出くわしたときに心の準備ができているだけでなく、代替案／別の計画を用意できる。

●家族や友達、メンターに協力してもらい、モチベーションを保つ。

●覚えておこう。小さな一歩こそ大事にすべきだ。目標達成のための習慣を日ごろから身につけておくのは、努力を積み重ねるのと同じである。

「本当の強さ」の先にある「スーパー・レジリエンス」へ

第5章では、心理学者のエリザベス・キューブラー＝ロスの「死の受容のプロセス」と悲しみと喪失を認知するときに経験する5つステージを紹介した。このプロセスは、愛する人や自分の死、あるいは希望や夢の喪失にも当てはめることができる。

念のため、その5段階をもう一度紹介しよう。

1　否認
2　怒り
3　取引
4　抑うつ
5　受容

私たちがレジリエンスについて話すときに出てくるのが、この最後のステージの「受容」だ。喪失感や痛みを「受容」し、抱えたまま歩み、生きていこうとすることが大切なのだ。ところが、グレッグ・ステインバーグは、最終段階があると言う。そして、その段階を「卓越」と呼んでいる。

「卓越とは、ただ悲劇を受容するだけではない。立て直し、元いた場所に戻るだけではない。立て直し、高く飛躍することだ。それが、スーパー・レジリエンスを持つということである」

グレッグ・ステインバーグ（自己啓発スピーカー）

「逆境を自分が成長するためのスーパーパワーに変える秘密」を学ぶべく、ステインバーグは、悲劇的な出来事が自分たちをさらなる人生の高みへと昇華させた人たち、つまり、人生の真の道だけでなく想像すらしていなかった喜びを運んできたと言う世界中の人たちを対象にインタビューを行った。

調査の結果は、著書の『Fall Up！ Why Adversity Unlocks your Superpowers（フォール・アップ！ なぜ逆境がスーパーパワーを運んできてくれるのか）』にある。同書では、インタビュー対象者から聞いた話だけでなく、彼らが悲劇から卓越に辿り着く過程で必ず同じステージを同じ順番で経験していたという研究結果も紹介されている。キューブラー＝ロスが発見した悲しみの5つのステージを「死の受容のプロセス」と呼んだように、ステインバーグはこれらのステージを「卓越の科学」と呼んでいる。

「彼らは、逆境を自分自身が成長するためのスーパーパワーとして利用していました」とステインバーグは言う。

早速、その方法について教えてもらおう。

ステージ1：モーニングコール

このステージでは、逆境があなたを目覚めさせ、あなたが真の道の上にいないことに気づかせる。この状況について、人生を眠ったまま歩いていたら困難に目を覚まさせられたようだ、と表現した人たちもいた。

ステージ2：スイッチを切り替える

このステージでは、起きた出来事には自分の人生にとって意味があると信じるようになる。悲劇的な出来事が、自分のためにも人生設計をやり直すべきだと気づかせてくれる。

ステージ3：才能を解放する

このステージでは、新しい方向に進み始めることで、自分の安全地帯から強制的に出なくてはならなくなる。その過程で、自分でも知らなかった才能に気づけるだろう。たとえば、文才や企画力など。これらの新たに見つかった自分の強みを生かし、次のステップに進もう。

ステージ4：自分のライフソングを作る

このステージでは、逆境で人生に充満していた雑念や混沌、誤った情報が静まる。そのため、ようやく自分の本当のライフソング――人生の目的――が聴こえてくるはずだ。その結果、流れに身を任せ、他に見ない喜びや満足感を得られるだろう。

ステージ5：「私たち」中心のメンタルになる

最後のステージでは、「私」中心のメンタルから「私たち」中心のメンタルになる。自我を手放し、自分勝手をやめる。世界に意味のある影響を与えることが自分の焦点となり、素晴らしいエネルギーを放ち、それを受けて世界もまた優しさで応じてくれるだろう。これが人生のいいところなのだ。

これらのステージはすべて、パワーアップして立ち直り、なりたい自分になるための地図を示してくれる。また、卓越したいと思ったり、卓越する方法を知ったりするために深刻な悲劇を経験する必要はない。もしかすると、何となくマンネリだと感じているか、人生に不満を感じているだけなのに、ずっと思い描いていた人生を送ったり、なりたかった自分になったりするためのモーニングコールが鳴り出そうとしているように感じているのかもしれない。

本章があなたにとって役に立つ、何よりも奮い立たせてくれる内容となっていれば幸いだ。

じっくりと読み、情報をしっかりと吸収し、自分にとってやりやすい方法で実践してほしい。

もしかすると、あなたはまだ過去に受けたトラウマ――あるいは今現在受けているトラウマ――から抜け出す方法を探していて、まだ立ち直る、それどころか、パワーアップして立ち直るなど考える余裕はないかもしれない！

それでもよい。自分のペースで進むのは本当の強さを鍛える上で重要どころか必要不可欠だ。


次の質問を自分にしてみよう。

①「モーニングコール」は鳴っただろうか？　つまり、自分の人生を変えたいという衝動やモチベーションを感じているだろうか？
②安全地帯の外にあるあなたにできそうなことを一つ挙げるとしたら何だろう？　自分の人生を大きく揺るがすためにできそうなことは？
③前の質問で答えたことは、自分だけではなく他の人のためにもなるだろうか？
④これまでずっと自分に課せられてきた使命（達成したかどうかは別だ）を挙げるとすれば、それは何だろう？

さて、次にやるべきことは?

WHAT NEXT?

あなたが逆境を乗り越える力に対してだけでなく、もっとも重要な「逆境を乗り越え、さらに成長する」ことに対して自信を持ち、楽観的になれていたら幸いである。

あなたは、自分さえその存在を知らなかった自分の強さに気づいたかもしれない。あるいは、もうすでに人として成長できたと感じているかもしれない(それこそが、私たちの願いである!)。

もしあなたが、本当の強さは鍛えたり学んだりするものではなく、生まれつき備わっているものだと思っていたのであれば、私たちがその考えに異議を唱えることができたと信じたい。なぜなら、私たちの信条は、誰もがレジリエンスを鍛えることができるというものだからだ。

本書が、それを知る手助けとなれるよう願っている。

逆境の真っただ中で身動きが取れない状態では、何も得られるはずはないとあなたは思うかもしれない。

ところが、逆境は誰にとっても必要だと分かってもらえたのではないだろうか。簡単に言うと、激動や困難がなければ私たちは成長し、学べないのである。

本書を読むことで、あなたがそのように成長するための方法をつかめたことを願っている。

次は何か？　今後、あなたは自分の強さや弱みを本当の意味で知るために努力しなければならない。本書では、数多くのヒント、それから、レジリエンスの専門家たちが十分にテストした新しい方法をいくつも紹介してきた。

何よりも、あなたが人生の苦しい時期を乗り越えるための能力に対して楽観的になれたことを願っている。

今はトンネルの先に光が見えなくても、あなたがその気になりさえすれば、光は待ってくれていると気づくはずだ。

あなたが本書を読む中で身につけた本当の強さは、そこへ辿り着く手助けとなる。もちろん、あなたを待っているのは満足のいく人生なのだが、次に困難が訪れたときは、自分には対処できるだけの準備があると知っていれば、人生はさらに喜びに満ちたものとなるだろう。

なぜなら本当の強さとは、一度きりの挫折ではなく、人生で経験するあらゆる挫折に対処するためにあるからだ。

地球上の人間の誰もが人生のそこかしこでレモンを与えられる。そのとき、あなたにできるのは、本書で学んだすべてを活かして、甘いレモネードに変えることだ。

幸運を祈る。

リアル・サイコロジー・シリーズ
立ち直る力

発行日　2019年6月30日　第1刷

Author　PSYCHOLOGIES

Translator　佐伯葉子(翻訳協力:佐伯花子、株式会社トランネット)

Book Designer　竹内雄二

Publication　株式会社ディスカヴァー・トゥエンティワン
〒102-0093　東京都千代田区平河町2-16-1 平河町森タワー 11F
TEL　03-3237-8321(代表)　03-3237-8345(営業)
FAX　03-3237-8323
http://www.d21.co.jp

Publisher　干場弓子
Editor　藤田浩芳

Marketing Group
Staff　清水達也　千葉潤子　飯田智樹　佐藤昌幸　谷口奈緒美　蛯原昇　安永智洋　古矢薫
鍋田匠伴　佐竹祐哉　梅本翔太　榊原僚　廣内悠理　橋本莉奈　川島理　庄司知世
小木曽礼丈　越野志絵良　佐々木玲奈　高橋雛乃　佐藤淳基　志摩晃司　井上竜之介
小山怜那　斎藤悠人　三角真穂　宮田有利子

Productive Group
Staff　千葉正幸　原典宏　林秀樹　三谷祐一　大山聡子　大竹朝子　堀部直人　林拓馬
松石悠　木下智尋　渡辺基志　安永姫菜　谷中卓

Digital Group
Staff　伊東佑真　岡本典子　三輪真也　西川なつか　高良彰子　牧野類　倉田華
伊藤光太郎　阿奈美佳　早水真吾　榎本貴子　中澤泰宏

Global & Public Relations Group
Staff　郭迪　田中亜紀　杉田彰子　奥田千晶　連苑如　施華琴

Operations & Management & Accounting Group
Staff　小関勝則　松原史与志　山中麻吏　小田孝文　福永友紀　井筒浩　小田木もも
池田望　福田章平　石光まゆ子

Assistant Staff
俵敬子　町田加奈子　丸山香織　井澤徳子　藤井多穂子　藤井かおり　葛目美枝子　伊藤香
鈴木洋子　石橋佐知子　伊藤由美　畑野衣見　宮崎陽子　並木楓　倉次みのり

Proofreader　文字工房燦光
DTP　有限会社マーリンクレイン
Printing　日経印刷株式会社

ISBN978-4-7993-2485-1